影响你我生活的世界

与世界传媒巨头雷石东对话

薄义群 华 明 / 著 区念中 / 摄影

传媒巨头的全球化扩张及其趋势

Joseph Turow

南方日报出版社
NANFANG DAILY PRESS

图书在版编目(CIP)数据

影响你所生活的世界 / 薄义群，华明著；区念中摄. —广州：南方日报出版社，2009.4

ISBN 978-7-80652-903-4

Ⅰ.影… Ⅱ.①薄… ②华… ③区… Ⅲ.雷石东—访谈录 Ⅳ.K837.125.42

中国版本图书馆CIP数据核字（2009）第061123号

南方电视丛书

影响你所生活的世界

与世界传媒巨头雷石东对话

出版发行 / 南方日报出版社
地 址 / 广州市广州大道中289号
电 话 / （020）87373998-8502
经 销 / 全国新华书店
印 刷 / 恒美印务（广州）有限公司
开 本 / 787mm×1092mm 1/16
印 张 / 23
字 数 / 350千字
版 次 / 2009年4月第1版
印 次 / 2009年4月第1次印刷
定 价 / 70.00元

封面题字：蔡东士 封面拍摄：区念中 封面设计：傅锦文

投稿热线：（020）87373998-8503 读者热线：（020）87373998-8502
网址：http://www.nanfangdaily.com.cn/press http://www.southcn.com/ebook
发现印装质量问题，影响阅读，请与承印厂联系调换。

电视纪录片《世界的印记：雷石东和他的传媒帝国》拍摄现场

Beverly Hills，Los Angeles，2006

美国波士顿拉丁学校，雷石东的母校。

TVS（广东南方电视台）在校门前作街头采访。

TVS: 您知道MTV（全球音乐电视）吗?

波士顿市民: 是的。

TVS: 您知道CBS（美国哥伦比亚广播公司）吗?

波士顿市民: 知道。

TVS: 请问您听说过雷石东先生吗?

波士顿市民: 没有。

TVS: 您听过这个名字吗?

波士顿市民: 雷石东? 没有。

10个受访者当中，只有一个人听说过雷石东这个名字。

TVS: 您对他了解得多吗?

波士顿市民: 不太了解。

雷石东是谁?

雷石东就读的中学——波士顿拉丁学校 Latin School，Boston，2006

序言／PREFACE

广东省电视艺术家协会主席、
南方广播影视传媒集团首任总裁
王克曼

南方电视台锐意改革，勇于创新，不断进取，见贤思齐。他们在2006年10月倾力完成了对美国传媒大亨、维亚康母集团萨默·雷石东的高端访问，制作了纪录片《世界的印记：雷石东和他的传媒帝国》，现在，这个制作团队又精心写成了《影响你所生活的世界：与世界传媒巨头雷石东对话》一书，可喜可贺。

看过《影响你所生活的世界：与世界传媒巨头雷石东对话》书稿，三年前我在美国拜会雷石东先生的情景又历历浮现。2005年6月，时任广东省委副书记的蔡东士先生率广东广电代表团一行赴美考察，其间应雷石东先生邀请，到洛杉矶贝佛利山庄其私邸会晤，双方就今后的交流合作达成了广泛共识。

南方广播影视传媒集团自2004年1月18日成立以来，历经五年的艰苦探索，取得了广东广电体制改革的成功，壮大了广东广电的实力，增强了产业发展的活力，提高了与境内外媒体的竞争力，创造了具有广东特色的广电体制改革的“南方模式”。2006年南方传媒集团提出实施“走出去”战略，扩大开放、加强联合，形成南方传媒集团特有的外联优势。这是广东特色、广东气派的一个重要组成部分。由此，南方传媒集团先后与美国维亚康母集团雷石东签订战略合作框架协议，与新闻集团总裁默多克签订合作备忘录等，就是这个战略实施的一部分。

记得，在拜会雷石东先生时，为增进了解，促进合作，我提议由南方电视台对雷石东先生进行独家采访，雷石东先生非常高兴地接受了邀请，并对双方进一步的合作充满信心。

2006年10月，南方电视台摄制组由区念中台长亲自率队赴美采访，完成了对萨默·雷石东访问。

南方电视台对雷石东先生的高端访谈节目及本书的出版，可以说是他们用世界的眼光和标杆实施集团“走出去”战略的一个具体举措。纪录片和图书给那些希望了解世界著名传媒集团及其领袖人物，了解当今国际传媒发展趋势和动态的受众，提供了难得的直观的第一手资料。书中披露了许多电视节目未能收录的内容，读者不光可以全面掌握受访者的情况，还可以通过本书了解一个跨国制作节目的诞生过程，了解制作者们在世界传媒最发达的环境采访制作的思考和感悟。

世界潮流，浩浩荡荡。从维亚康母集团的发展轨迹中人们不难看到，一个世界级的跨国传媒集团要发展壮大，需要不断更新理念，凭借自身的体制、机制优势，依靠本国强大的软实力，仰仗自身深厚的品牌、资源、运营经验等方面的积累，实行跨国资本的运筹，建构起庞大的国内及海外市场等才得以成就的。

在全球融合的大背景下，广东的文化产业及广电产业的发展也必须具有世界的眼光，用世界的标准，以这些世界级传媒巨擘的发展经验作为参照，去制定自身的发展战略及发展目标，不断提高自身的国际竞争力，把广东广电业做强做大的目标就一定能够实现。

王克曼

2008年12月22日

目录 / CONTENTS

01

第一章

世界的印记

雷石东和他的传媒帝国

雷石东 Beverly Hill，Los Angeles，2006

生活就像一盒巧克力

萨默的人生经历就像是一部永远在快进的电影!

“我妈妈经常说：生活就像一盒巧克力，你永远不知道你会得到什么。”1994年《阿甘正传》在全球上映，影片主人公阿甘母亲的这句名言迅速流传开来。“巧克力精神”让阿甘坚信不管是福是祸，只要尽力尝试，把握自己的命运就能成功。

导演不仅让每一个美国人的梦在阿甘身上得到了虚幻的实现，也让《阿甘正传》成为票房赢家。这部影片为派拉蒙电影公司带来了6项奥斯卡大奖，也为派拉蒙所在的维亚康母集团带来了近10亿美元的票房收入。靠坚持跑步获得成功的阿甘是虚构人物，而维亚康母的拥有者萨默·雷石东则是一个比阿甘更具传奇色彩的传媒大亨。

他放弃了成为百万富翁的机会，投身到一个完全陌生的行业；他年逾花甲还押上自己的全部身家，选择了第二次创业；他白手起家，最终成为传媒大亨。“萨默的人生经历就像是一部永远在快进的电影!”《金融世界》这样评价雷石东。在这部快进的电影中，雷石东凭借着永远成为第一的赢的激情，坚持不懈地寻找着属于自己的那盒巧克力，并最终拥有了派拉蒙电影公司、MTV和哥伦比亚广播公司（CBS），打造出世界上最大的传媒巨舰。

走近贝佛利山庄

你并非一定需要先接近死亡，然后才能体会到生的可贵，只要你愿意，生活随时可以开始。

2006年10月25日，初冬的阳光懒洋洋地照射着美国加州南部的港口城市——洛杉矶。随着山坡上的“好莱坞”几个大字在车窗间若隐若现，一辆采访车正向一个神秘的地方驶去。高高的铁门告诉我们这不是一般的住宅小区。每幢至少1000万美元的价格让人咋舌，一不小心你还有可能碰上丹泽尔·华盛顿、艾迪·默菲、史泰龙等好莱坞明星。这里就是贝佛利山庄。雷石东的家就掩映在山顶，路的尽头处。他在家中接待了来自中国南方电视台的摄制组一行六人。

“这位是区念中先生，南方电视台的台长。”维亚康母MTV大中华区总裁李亦非向雷石东介绍道。

雷石东右手至今还残留着烧伤的痕迹，但在握手的时候，你能感觉到他的力量和这位耄耋老人的一生艰辛。

1923年，雷石东出生在美国波士顿一个清贫的家庭里，祖父母是移民到美国的犹太人。父亲是一位白手起家、非常重视子女教育的小商人。雷石东自小学习刻苦，以波士顿拉丁学校第一名的优异成绩考入哈佛大学。在哈佛期间，他只用两年多的时间就修完了大学本科的学分，并被选拔进入美国军队从事破译日军电报密码的工作，为美军在二战期间打败日本立下了汗马功劳。从哈佛大学法学院毕业之后，雷石东一直在一家律师事务所工作。1954年，他当年的收入是10万美元，相当于现在的100万美元。但就在他已经领略到律师行业顶峰的风光的时候，雷石东却选择了放弃。

“我喜欢从事法律行业，像当年很多同龄人一样，我认为从事法律可以服务人类，听起来可能过于极端，但事实的确是这样，这样的人在华盛顿还有很多，当我发现从事法律就是经商，于是我决定离开法律界，经营我父亲的生意。”高高的书柜直达天花板，书房中的一桌一椅都渗透着古色古香。坐在靠背椅上，维亚康母公司主席雷石东显得淡定从容，在娓娓叙述中，我们感受着他一生的传奇。

在贝佛利山时尚名店一条街常常可以见到好莱坞的大明星 Beverly Hills, Los Angeles, 2006

浴火重生

在生活中和生意场上，

成功的关键是赢的意志和生存的意志，

而决不是靠运气。

从加盟家族的电影放映生意开始，雷石东一步步走近了能够影响亿万人的权力中心——传媒业。在工作的前30年里，他个人已经积累了5亿美元的财富，但是他生命中最精彩的部分却来自一场大火之后。

为了参加华纳兄弟电影公司一个部门经理的聚会，雷石东作为家族企业——国家娱乐有限公司的总裁来到了波士顿。那是1979年的一天，当天夜里，雷石东入住的酒店发生了大火。在这场大火中，雷石东烧伤面积达45%以上，很多人都以为他活不长了，即使能够活过来也不能走路。但是在经历了六次手术和几个月的住院治疗之后，已经55岁的雷石东凭借着坚强的意志令人难以置信地重新站了起来。

当时很多人都认为雷石东的生命轨迹也许将因为这场大火而改变，但他们都错了。"我知道很多人都认为类似这样的事件会引起连环后果，但那次事件决不意味着我要退缩，大火前和大火后我的目标都没变，价值观没变，理想没变，财产没变，所以说几乎是没有任何变化。"现任维亚康母公司主席的雷石东在以自己的实际行动改变着人们的

雷石东 Beverly Hills, Los Angeles, 2006

固有看法。甚至当我们想用中国的那句老话“大难不死，必有后福”来安慰一下这位传媒巨人时，我们所看到的仍然是一个不向命运低头的雷石东：“我并不认为所有事情都要取决于运气，某些小事上可能会有运气成分，但在生活中和生意场上，成功的关键是赢的意志和生存的意志，而决不是靠运气。”

不知道是上帝的眷顾，还是凭借那种永远追求赢的激情，雷石东不仅战胜了死亡，还把自己的国家娱乐有限公司办成了全美最大的一家连锁影院。与雷石东比起来，布莱德·格雷（Brad Grey）算是晚辈。2005年格雷加入维亚康母，并担任派拉蒙影业公司执行总裁，正式成为雷石东旗下的一员。“雷石东先生建立了庞大的娱乐公司，他把一个很小的公司发展成一个杰出的企业，对此我总是充满了敬意，以前只能从远处关注他，而现在我有幸为他工作。”格雷的言谈中充满了对雷石东的敬意。

蛇吞象的游戏
收购维亚康母

维亚康母是“一位沉睡的巨人，正处于能量大释放的边缘”。

雷石东传媒帝国版图的不断扩大是通过一次次兼并和收购来完成的。收购维亚康母公司、派拉蒙影业公司和哥伦比亚广播公司则是其中最精彩的三个片断。

1986年，作为63岁高龄的成功商人，雷石东完全可以选择安逸的退休生活，然而他却作出了与常人不同的选择——第二次创业，拿出自己一生的积蓄和20多亿美元的债务融资，开始了他一生中最重要的一次较量——收购维亚康母公司。现任维亚康母公司执行总裁菲利普·杜门（Philippe P. Dauman）参与了当年收购维亚康母的整个过程：“你知道，那个时候雷石东是一位成功的电影放映业经营者，按他当时的年龄，许多人都会考虑退休了，那是20年前的事。他看到当时还很年轻的MTV和尼克儿童频道有着光明的前景，让人不解的是他把所有的资金都用来收购维亚康母，为此他冒险地投入了他经营电影院的所有收益，他执著地坚持收购，而这次收购实在是一个漫长而艰苦的过程。”

事实上，雷石东不仅在拿自己的所有积蓄冒险，而且当时维亚康母的董事会也在明显偏袒雷石东的竞争对手，他的资金也出现了问题。在这种情况下，雷石东能成功吗？华尔街对此非常怀疑，所有人都说他疯了，有人甚至建议在收购之后把MTV和尼克儿童电视频道这两个累赘脱手。但幸运的天平再次倾斜到了雷石东这边。经过一年多的激战，雷石东最终收购了维亚康母，这也标志着他从电影放映业成功进入了内容生产业。“能收购维亚康母我非常高兴。”雷石东说。

对于这场惊心动魄的收购战，雷石东在自传中这样写道：“在63岁的时候，我经历了一生中最重要的一次较量。我把维亚康母当作自己一生的赌注，而且有信心把这家公司作为一生中成功的见证。”当时，维亚康母已经成为拥有电视节目制作、MTV音乐频道、Showtime电影频道、有线电视、广播电台以及海外业务的综合性传媒公司。

到1991年，雷石东收购维亚康母的冒险得到了回报，其子公司MTV在全球获得巨大成功，整个20世纪90年代，MTV电视网的收入始终保持两位数的增长。与此同时，维亚康母旗下的尼克儿童频道也逐渐显示出了自己的潜力，目前它已经占据了美国50%的儿童电视市场份额，而这些孩子都有可能被它培养成维亚康母其他节目或频道的潜在观众。

派拉蒙影业是维亚康母旗下的电影制作公司
Paramount Pictures, Los Angeles, 2006

多年的电影院线行业经验使得雷石东深信传媒公司的价值在于内容而不是传输网络。此时，他第一次提出了“内容为王”的理念。“我相信观众看的不是哥伦比亚广播公司。他们看的是《犯罪现场调查》，换句话说，传输很重要，人才很重要，但最重要的还是内容，内容为王。你知道，是我发明了这个词。”雷石东津津乐道地讲述着自己的理念。

虽然雷石东首先提出了“内容为王”的理念，但要建立一个世界上第一流的以内容为驱动的媒体，维亚康母似乎还需要一个平台，这个平台又在哪里呢？

收购派拉蒙
成就娱乐业霸主

这将是一次旗鼓相当的合并，
但如果不能控制这家公司，
我情愿不去拥有它。

在雷石东的成功运营下，维亚康母的业绩开始蒸蒸日上，从1987年到1993年，公司的规模和市值增加了近10倍，雷石东的身价也在7年内由5亿美元上升到了55亿美元。此时，雷石东正谋划着建立世界上第一流的以内容为驱动的媒体。“我们已经拥有了自己的有线电视网，自己的电视节目制作中心，拥有自己的电视台和广播电台，现在我需要一个电影制片厂来填补余下的空白。我把目光投向了派拉蒙电影公司。”雷石东在自传中这样写道。

1993年，羽翼渐丰的雷石东吹响了收购派拉蒙电影公司的号角。这一行动也得到了雷石东得力助手菲利普·杜门的支持：“收购派拉蒙将我们从一个重要但是相对小规模的公司，变成一个在传媒业举足轻重的企业。那是在1993和1994年的事情，同样是一次艰难的收购，一个艰难的过程。”

这次收购跟第一次一样，并非一帆风顺。先是派拉蒙管理层反复无常，后是美国购物频道QVC公司的老板巴瑞·迪勒的恶意搅局，使得一场原本友善的并购变成了一场硝烟弥漫的并购之争。雷石东再次被推到了失败的边缘。

在资金实力不占优势，法庭败诉以及昔日合作伙伴反目成仇的状况下，雷石东沉着应战，最终反败为胜，以106亿美元把派拉蒙公司收归旗下，尽管他为此额外支付了20多亿美元的收购成本。有人形容这次收购是天堂里的婚姻。派拉蒙为其电影和电视节目找到了新的有线市场，而

雷石东 Beverly Hills，Los Angeles，2006

采访雷石东 Beverly Hills, Los Angeles, 2006

推动合作，并晋见了当时的国家主席江泽民。

2003年经国家广电总局批准，MTV中国频道正式落地广东，这个已经覆盖全世界166个国家和地区的年轻人的时尚品牌继续在中国演绎着雷石东内容王国的神话。

同样富有传奇色彩的李亦非如今成了雷石东的得力干将，她曾经担任M T V大中华区总裁、MTV亚太区执行副总裁、维亚康母中国区首席代表等多项要职。李亦非曾多次到雷石东的山顶豪宅作客，而且跟雷石东和他夫人的关系看上去非同一般。这除了是对李亦非个人能力的肯定，也表明雷石东对中国市场的重视。而早年留学美国，深谙中美差异的李亦非也成为维亚康母进入中国市场的关键人物，不仅如此，她还给雷石东起了这个形神兼备的中文名字："他的英文名字是RED STONE，那么RED STONE从它的意义来说是红石，但是从他的声音来说呢——THUNDER，像惊雷一样。RED STONE那么我觉得STONE，所以我就想这个雷石东，我觉得他这个名字既有音的，又有意的，也就是音意的加起来。因为他这个人真的像一个惊雷，但同时呢，我又觉得很坚固，然后，他又热爱东方。那么又是在东方的一个名字，所以我就叫他雷石东。我给他解释，他也很喜欢，那么后来这个名字也叫开了。"

与李玟、朱哲琴这些明星相比，也许中国公众对雷石东本人或者他掌管的维亚康姆公司知之甚少，但在我们的日常生活中，这个人的触角却几乎无所不在：看过电影《教父》、《人鬼情未了》、《阿甘正传》和吴宇森执导的《变脸》吗？这些都是他旗下的派拉蒙影业公司的作品；当痴情男女在电影院里为《泰坦尼克号》中豪华绝世的爱情而唏嘘感叹之际，肯定不会想到自己钱包里的钞票早已滚滚流进了他的腰包；走进书店，经常会碰见西蒙-舒斯特出版公司出的书。雷石东的经营触角已经伸到了人们生活的绝大多数角落。而中国的一些大红大紫的明星则恰恰是通过雷石东的公司走向世界的。这正是雷石东希望维亚康母在中国所扮演的"文化大使"的角色。"您对自己所做的满意吗？"记者问到，"并不满意，"雷石东回答说，"我从来不会对自己所做的感到满足，我总认为我能做得更好。"

从交谈中不难看出，雷石东对中国市场有着长远战略眼光和野心。2004年维亚康母先后与中央电视台、北京电视台和上海文广集团签署合作协议，全面进入中国节目制作和发行领域。2006年，维亚康母又与广东南方广播影视传媒集团签署合作协议。而面对着竞争对手时代华纳和新闻集团在中国的拓展，雷石东却不以为然。

TVS：任何有关中国市场的讨论都不能不提及时代华纳和新闻集团？

雷石东先生和夫人在花园里散步 Beverly Hills，Los Angeles，2006

雷石东：为什么要提及这两家公司呢?它们只是二流公司而已。唯一重要的公司就是维亚康母。

TVS：在中国市场你们是竞争者。

雷石东：是的，我们是竞争者，但是让我们来看一下，（在中国）只有维亚康母被允许使用自己的品牌名。你能在中国看到MTV，看到尼克儿童频道，但看不到其他公司例如迪士尼，它可以制作儿童节目，但它并非以迪士尼这个名字出现的，迪士尼的名字只可能出现在酒店的电视里。

从雷石东那略带几分霸道和霸气的回答中，我们感受到了这个名字的贴切，而他更是半开玩笑地谈论他的对手新闻集团：“默多克在中国市场上唯一胜过我们的地方，就在于他娶了一位中国姑娘做太太。”雷石东的这番言论也许并不夸张，因为他已经对中国市场颇为了解。虽然不愿意与竞争对手分享在中国成功的经验，但雷石东的观点还是很有借鉴意义：“如果有什么经验的话，我也不会跟他们分享，因为他们是我们的竞争对手。但事实上，对于那些想效仿我们而从来没有取得成功的公司来讲，他们进入得已经太迟了。我想说的是，一开始不要太注重金钱利润，而应该搞好关系、建立友谊。建立真正的友谊和互信是在中国取得成功的关键一步。”

永不退休的雷石东

没有人能控制自己的年龄，
但一个人的承诺、判断、能力、态度和远见却是可以培养和提高的。

在经过了三次大的兼并收购之后，雷石东又改变了经营策略。2005年底，他将维亚康母分拆成CBS和新维亚康母两家独立上市的公司。雷石东认为股价下挫只是他拆分公司的部分原因：“MTV的成长引人注目，CBS是世界上最好的电视网，但是我们的股价却往下掉，因此我得出了一个结论，维亚康母存在着集团化后的降效作用（conglomerate discount）现象，所以我觉得有时候‘离婚’比‘结婚’更好。并且我记得当维亚康母是世界上发展最快的媒体公司的时候，实际上起到决定性作用的是MTV和派拉蒙。所以把公司分拆之后，我认为它们会取得同样的发展速度，这样我们也可以释放出MTV和派拉蒙的价值，让它们得到充分发展。”

在公司分拆之后，雷石东也从CEO的位置上退了下来。2006年初，他当选为维亚康母公司主席。目前他最大的爱好就是养鱼。在他贝佛利山顶的豪宅里，我们能看到比较奢侈的就是几个巨大的鱼缸，有客人来，他都会让他们去看看自己的得意收藏。

贝佛利山庄是财富和名利的象征。住在这里的人非富则贵。每天都有不少外地人坐旅游巴士远道而来，为的就是想一窥名流巨星的翩翩风姿和他们的豪华住宅。雷石东的家位于山顶可以免受打扰，从这里还可以俯瞰洛杉矶市中心。庭前草坪上经常会传来雷石东夫妇散步时的欢声笑语。

有年轻体贴的妻子相伴，在家养养鱼，游游泳，在世人看来雷石东已经退休开始安享晚年了。这样的猜测在贝佛利不胫而走，而雷石东在《名利场》最具影响力人物排行榜上也一下子从2005年的第3位跌到了2006年秋季的第30位。但是雷石东的行动让所有人都跌碎了眼镜。

2006年8月下旬，雷石东越过当时维亚康母的CEO汤姆·弗雷斯顿及其子公司派拉蒙电影公司的CEO布莱德·格雷，断然解雇了为公司创造了30亿美元收入的好莱坞明星汤姆·克鲁斯，而相隔不到半个月，维亚康母的CEO汤姆·弗雷斯顿也同样被解雇，虽然他已经跟随了雷石东

20多年。这两个不同寻常的举动让我们意识到雷石东还在掌控着公司，只不过他把办公地点搬到了贝佛利山庄的家里，通过电话来遥控世界。他依然是这艘传媒巨舰的掌舵人。他所放弃的只不过是一个头衔而已。

TVS：您现在还参与公司的日常管理吗？

雷石东：是的，但日常大部分的决定我都交给负责管理公司的人员。我认为拥有了最好的员工，你就应该依靠他们，信任他们。当然一些重大决定必须先征得我的同意才能作出。

新媒体是机会

我一向奉行的投资原则是：

扬长避短，做你熟悉的事。

雷石东不喜欢别人的挑战，但随着时间进入21世纪，他和其他媒体巨头一样不得不面对以互联网为代表的新媒体向传统媒体发起的冲锋。新媒体正在蚕食着传统媒体的受众群体和市场份额。

朱汉云是纽约长岛天才学校九年级的学生，她特别喜欢服装设计。在她家的衣柜里摆满了她自己设计的服装。她对服装设计的喜好完全是因为《PROJECT RUNWAY》这个电视真人秀节目。但是由于时间原因，这个节目播出的时候，朱汉云经常看不到，于是她就经常在网上下载观看。互联网给朱汉云提供了极大便利，也让她成了一名网民。而像她这样的网民大军在全球还在迅速增加。

中国信息产业部的统计数字显示，预计到2026年，全球的互联网用户数量将达到25亿人。在中国的互联网用户中有大约39%处于18~24岁的年龄段，而这个年龄段正是MTV的主要目标受众。在采访的时候，雷石东说，他作的每个决定不一定很有把握，但一定有自己的原因，炒掉跟随了他20多年的维亚康母的CEO汤姆·弗雷斯顿也是一样。除了公司持续下滑的股价外，最让雷石东不能容忍的是在收购Myspace的过程中输给了新闻集团的默多克。

在经历了网络泡沫之后，2005年应该说是世界传媒巨头全面进军互联网的一年。在美国一个人气急升的年轻人社交网站Myspace.com引起了人们的注意。维亚康母和新闻集团同时卷入了收购战，结果新闻集团以5.8亿美元成交，默多克笑到了最后。至今一提起此事，雷石东还有点耿耿于怀："在MySpace的收购上我们输给了默多克，这对维亚康母是一个打击，这种事情不会再发生。他们几个星期只是坐在那里看如何能以比默多克低的价钱收购MySpace，他们没有全力以赴去做，他们犯了大错。我认为MySpace现在至少价值15亿美元，而且还会升值。但是，我们不怕失去机会，每天都有新机会，将来我们会更加关注这些新机会。"

毫无疑问，以信息技术为核心的新技术正在推动一场新的产业革命，它是一种颠覆，也是一个机遇，尽管新媒体目前的市场份额还不足以撼动传统媒体。"当人们走在大街上带着具有移动电脑功能的ipod，当手机可以轻松上网、观看电视节目，这些都意味着什么呢？"哈佛大学鲍尔教授一直在思考着这个问题。"这意味着又一个新的发展机会，有更多平台可以推广我们的节目。"雷石东认为新媒体并不是危胁，"我们可以把节目改变形式并推广到手机、宽带和互联网上，我们已经在这样做了。在中国，我们刚刚与百度签订了合同，百度是一家非常大的网络公司，通过它，我们的节目可以触及成千上万的中国人。我们与中移动也有合作，这样我们的节目就可以覆盖到中国所有中移动的客户。对于互联网所带来的新机会我们非常警觉，无论它是在中国、美国，还是在世界的其他地方。

纽约时报广场的维亚康母大厦（二、三层是MTV演播厅） Times Square，New York，2006

02

第二章

谁在改变世界

与世界传媒巨头雷石东对话

雷石东 Beverly Hills，Los Angeles，2006

TVS记者采访雷石东 Beverly Hills，Los Angeles，2006

学传播学的人几乎没有人不知道雷石东（Sumner Redstone），不知道维亚康母， 甚至对维亚康母的收购兼并也能如数家珍。但说实话，我以前从来没想过会有机会采访雷石东，而且是在他的贝佛利山庄豪宅里。

2006年10月25日下午，采访车行驶在日落大道，阳光洒进车窗，远处山坡上的HOLLYWOOD时隐时现。掩映在丛林间的一栋栋别墅让大家躁动起来，纷纷猜测着它们的主人。而我，最欣赏的是雷宅前面的一大片草坪和俯视全城的一览众山下的感觉。也许雷石东，作为世界传媒业金字塔尖上的人物也会喜欢这种感觉。虽然我们采访他的时候，他已经让出了CEO的位置，但他还在背后掌控着这个传媒帝国。

在雷宅宽敞而又古朴的书房里，我们的对话开始了。

雷石东：相信自己能够影响你所生活的世界

一直努力成为第一的传媒大亨

TVS：谢谢您接受我们的采访，您能用中文来跟中国的观众们打声招呼吗？

雷石东：我会说日语，我曾破译过日本密码，中国人应该为此高兴。是的，我去过中国很多次了，我喜欢走在北京和上海的大街上。我跟中国的政府部门、中央电视台和中国人民的关系非常密切。

TVS：您从一个贫穷的犹太小男孩成长为一位传媒大亨，在我们看来您是非常成功的，您自己又是怎么看呢？

雷石东：我不喜欢大亨(mogul)这个词，我觉得这个词带有滥用权势的意思，而我从来没有过。但如果你喜欢，就用吧。（微笑）

TVS：我想知道您成功的标准是什么？

雷石东：我想我成功的标准跟大部分人一样，就是要去完成你想做的事情。就我来说，我总是想成为第一，但这不意味着我总是能成为第一，然而在我所完成的事情来看，比如当我在学校读书的时候，当我在不同公司工作的时候，如CBS，维亚康母，收购之初的维亚康母，我都一直努力地要成为第一，也许并不总是第一，但这是我的愿望，也是我前进的动力。

TVS：刚刚您提及过您破解了日本密码……

雷石东：对不起，打断一下，我刚才漏说了我的夫人葆拉了，她对我非常非常重要。好，现在可以提下一个问题了。

TVS：您刚刚提到在二战期间您破解日本密码，当时危险吗？

雷石东：我以前在哈佛大学读书，我的老师是赖肖尔教授，他后来成了美国驻日本大使，我学习日语完全是速成的，我们用一年时间学习了别人要用四年来完成的日语。赖肖尔教授把我和其他两个年轻人带到了位于华盛顿附近的一个机构，我们破译日本密码就是从那里开始的。最终我们破解了日本外交和军事高级密码，这也直接导致了日本舰队的沉没。

TVS：您的领导才能跟您在二战期间的军事训练有没有关系呢？

雷石东：我认为这两者之间本来是应该有联系的，但对我来说并不适用。我相信有能力在某个领域上成为领袖的人在其他领域也能成为领袖。我认为个性决定个人的发展，不论他们做什么，或走到哪里。

相信自己能够影响你所生活的世界

TVS：您说过是因为要推动社会变革才投身传媒业的，那您希望在推动社会向好的方面发展上取得怎样的成绩呢？

雷石东：要是说我投身娱乐业的唯一动因是要推动及改变社会确实太抬举我了，谢谢你这么说，但事实并非如此。我发现现在的电影业和娱乐业是个非常令人兴奋的行业，每天都有新事物出现，我非常喜欢。至于说要改变社会，我非常欣慰我的同事和我一样都知道底线和责任的差异。以MTV为例，它已经覆盖全球，并且已经进入中国，我们很希望借助它的影响力来推动社会向好的方面发展。

TVS: 您意思是说媒体是要来服务公众的?

雷石东: 是的，我觉得我们的责任不仅仅是要赚钱，服务公众也是其中一部分。

TVS: 您曾说过没有什么能比维亚康母更能影响人们的生活了?

雷石东: 我觉得这样说稍微夸张了点，不过由于维亚康母遍布全世界，事实上MTV已经覆盖了世界上每一个国家和地区，最后一个覆盖的地区是南非。你知道，MTV和尼克儿童频道(的节目)已经在中国落地，因此我认为我们有机会为公众利益服务，而不仅仅是为维亚康母的自身利益服务。

TVS: 您还说过: “生活中非常重要的一部分就是要相信自己能够影响你所生活的世界。”作为企业的掌门人，您的个性和生活哲学对维亚康母有哪些影响?

雷石东: 我不会夸大任何人或任何公司对世界的影响力，但在一定程度上，我们的确能对世界产生好的影响，我们也是这样做的。在中国，我想我们已经成为中国的文化大使，成为了中国与世界其他国家沟通的桥梁。我们做了很多非常有意义的事情，例如把中国的文化和音乐带到美国，帮助一些京剧团到美国演出，总之是尽我们的努力把中国文化带给美国及其他国家的人们。

TVS: 您作为文化大使，大力弘扬中国文化，那您对自己所做的满意吗?

雷石东: 并不满意，我从来不会对自己所做的事情感到满足，我总认为我能做得更好。我们只是想做中国的文化大使，我们从来没有把纽约或欧洲的音乐带到中国，我们做的只是把中国的音乐传播出去。你知道，MTV与中央电视台联合主办了CCTV–MTV音乐盛典，作为合作伙伴，我们大概可以覆盖中国上千万的观众。

TVS: 您认为媒体的影响力还像以前那么强大吗?

雷石东: 媒体的影响力是否还像以前那么强大? 是的，我并不想夸大这种影响力，但没有理由去认为这种影响力已经被削弱了，尤其是媒体在推动社会向好的方面发展的影响力。

浴火重生、再次创业

TVS: 也许您永远忘不了1979年那场大火?

雷石东: 要不是你提起来我从不会去想那件事。

TVS: 当您站在窗户外面被大火围住的时候，您有想过放弃吗? 那一定是一次可怕的记忆。

雷石东: 我从没有想过要放弃，我想活下去。我对生是如此地渴望，一定要活下来，而一定要活下来的想法正是这种渴望的一部分。我摸到了一扇窗户，打不开，再试另一扇窗户，终于打开了。我悬在窗户外边有十分钟左右，最后被消防队员救了下来。

TVS: 您多次说过大火没有改变您，很多人都不相信。

雷石东: 我知道很多人都认为这是一件能产生重大影响的事情，但很显然这不适用于我。大火前后我的目标没变，价值观没变，欲望没变，热情没变，所以说几乎没有任何变化。

TVS: 中国有句话: 大难不死，必有后福。

雷石东: 我不认为一件事情成功与否取决于运气，对此我很怀疑。运气只会对一些小事情造成影响，但决不是生活或事业成功的原因，而只有意志，追求成功的意志和追求生存的意志，这才是真正的原因。

TVS: 您所拥有的一切是年轻人和权势追逐者的梦想。而我印象最深的是您离开了已经做得蛮成功的法律事业，转而继承了您父亲的生意，您当时对自己的选择有把握吗?

雷石东: 正如人们所说的，生活中没有任何东西是有把握的，除了债务和税务，但是我的每一个决定都是有原因的。我喜欢从事法律事业，像其他同龄人那样，我认为从事法律可以为人类服务，听起来可能过于极端，但对于我和许多在华盛顿的人来讲，事实确实如此。当我发现从事法律和做其他生意一样的时候，于是我决定离开法律界，转而经营我父亲的生意。

TVS: 您经历了两次大的创业，第一次是31岁的时候，第二次是63岁的时候，请问这两次最大的不同是什么?

雷石东: 就态度和欲望而言，几乎没有不同。我喜欢电影放映业，我希望成为世界上最好的电影放映业者。当然，我很高兴能够收够维亚康母。有意思的是，我一生中最令人兴奋的事是发生在那场大火之后。

TVS: 从经营一个小小的私人公司到现在掌管一个像维亚康母那么大的跨国公司，您是如何适应过来的?

雷石东: 就像我刚才所说的，无论是经营小公司还是大公司，我的能力一直都没变。实际上当我收购维亚康母的时候，它只是一家无人知晓的小公司，一家小型电视公司，在接下来的几年中，我们把它发展成了一家大型公司。但是在收购维亚康母的时候，现在你会觉得很有意思，人们说MTV只不过是暂时的时尚，尼克儿童频道决不可能成功。但是现在，MTV和尼克儿童频道已经遍布世界各地。所以，尽管华尔街会有不同意见，也要相信自己的直觉。

TVS: 是否可以说您的管理技巧是从经营小公司到大公司的整个过程当中慢慢学会的呢?

雷石东: 不。无论你在哪里，在哪个公司工作，你的管理能力都是一样的。

TVS: 到现在为止，在您的职业生涯当中最让您感到自豪的是什么?

雷石东: 这个很难回答，我一生中最重要的经历就是在那场很多人都以为我会丧命的火灾中生存下来，医生说我没救了，说我以后不可能走路了，但今天我还能跑呢。我想这次是我人生中最重要的一次经历。至于最自豪的事，我回答不了。从小到大无论在学校或是在工作上，每做出一些成绩我都会感到高兴。

跟着直觉做事情

TVS: 在过去的20年中，您将维亚康母打造成了全球数一数二的娱乐公司，在这过程中您有犯过错误吗? 这些对别人可能是种启发。

雷石东: 错误? 当然有犯过，但幸运的是我没有犯过大错，否则我就不会成功了。正如你所说，我把维亚康母打造成为世界上最好、最大的传媒公司之一，如果老是犯错误，维亚康母怎么能取得今天这样的成功呢?

TVS: 在这过程中您有树过敌吗?

雷石东：当然有，没有是不可能的。不过，我从来不愿意树敌，不会主动攻击他人，但当某些事情可能会树敌而又不得不做的时候，我会去做。我起诉过约翰·马龙，他是美国最有权势的人物之一，但如今我俩成了朋友。我也曾与巴瑞·迪勒发生过争拗，现在我俩也成了朋友。我把时代华纳推上被告席也是情非得以，为了保存公司的完整，维护商业上的诚实正直，我不得不那样做。如果我们不主动战斗的话，MTV、尼克儿童频道、Showtime就不会成功。是我被迫发起了这些战斗，并最后取得了胜利。

TVS：您说过，“商业直觉是经验和智慧的结合”。

雷石东：是的，按照我对直觉的定义，我一直都是跟着自己的直觉来做事情，尽管有时候跟华尔街的观点相左。说到直觉，它不是指猜测，而是你刚才所说的经验和智慧的结合。

公司大不一定就好

TVS：维亚康母一直在制造着头版新闻，特别是2005年您将维亚康母分拆成两个独立上市公司引起了业界的关注，分拆是为了挽救疲软的股价吗？

雷石东：这只是部分原因，因为不管做得多好，你也不可能控制股票的价格，它只会随着公司的业绩波动。MTV的成长引人注目，CBS是世界上最好的电视网，但是我们的股价却往下掉，因此我得出了一个结论，维亚康母存在着集团化后的降效作用（conglomerate discount）现象，所以我觉得有时候“离婚”比“结婚”更好。并且我记得当维亚康母是世界上发展最快的媒体公司的时候，实际上起到决定性作用的是MTV和派拉蒙。所以把公司分拆之后，我认为它们会取得同样的发展速度，这样我们也可以释放出MTV和派拉蒙的价值，让它们得到充分发展。

TVS：那么这两家新公司会存在恶性竞争吗？

雷石东：我同时控制两家公司，这两家新公司拥有绝对的权力相互竞争，但它们之间的竞争不会很大，因为它们的业务在本质上有很大区别。

TVS：最近您解雇了汤姆·弗雷斯顿，这是一个非常难作出的决定呢？

雷石东：这确实是一个相当难作出的决定。他当时坐在这里，我差点哭出来了。我跟他说他是不是一位称职的领导不是由我或董事会来决定的，他为维亚康母作出了非常大的贡献，我和董事会决定的能够领导公司前进的合适人选是菲利普·杜门和汤姆·杜利，我和他们一起工作了20年，当他们是我助手的时候，维亚康母处在效益最好的阶段，股票升值3倍。汤姆·弗雷斯顿是一位优秀的管理者，我们没有考虑他另有原因，我们认为将来能够领导公司的最好人选是菲力普·杜门和汤姆·杜雷 。

TVS：那你为什么会选择菲利普·杜门先生呢？您对他又有什么期望？

雷石东：为什么我会选他们？杜门在维亚康母的很多部门都工作过，他曾经负责过公司的战略决策部门，也担任过公司的总顾问。在维亚康母拆分之前，他担任过的最重要职位就是我的副手。通过这些年共事，我对他已经相当了解，而且也很尊重他，今天也是如此。作为曾经的主要智囊之一，以他的经验，我认为杜门和杜雷是带领公司走向未来的最佳人选。

TVS：为了实现规模效益，在上世纪八九十年代掀起了一股兼并浪潮，但到目前为止，越大越好还在受到质疑，对维亚康母也是这样吗？

雷石东：就像我一直说的那样，大不一定就好，我说的大不是指数量，最重要的不是规模。我们的确进行了很多并购，但我确实认为那个大并购时代已经接近尾声了，因为只要能收购的，都已经被收购了。而目前中国的情况则不一样，我们一直寻求在中国进行并购，将来也会继续寻求。

内容依然为王

TVS：您说过经营像维亚康母那样的公司内容最重要，但我认为人才应该是最重要的。

雷石东：你认为什么最重要？

TVS：人才。

雷石东：人才确实是非常重要，但内容为王。人才要利用内容，没有内容人才不能生存。我觉得人们看的不是CBS，而是《CSI罪案现场调查》。换句话说，传播渠道很重要，人才很重要，但最重要的是所传播的内容。内容为王，你知道，这是我最先提出来的。

TVS：刚才您说内容为王，而内容为王已经成为业界共识，在这种情况下维亚康母如何在内容上胜出并保持其竞争力呢？

雷石东：在内容上我们确实是超越了其他公司，维亚康母最了不起的其中一点就是它拥有世界上最好的内容制作力量，在这方面MTV没有竞争对手，从来没有。我们制作各种各样的内容产品，MTV音乐电视网，派拉蒙电影公司，CBS哥伦比亚广播公司是个非常重要的内容生产机构，比如它的《CSI》、《CSI纽约》、《CSI迈阿密》、《好汉两个半》、真人秀《幸存者》等等，这些都是非常了不起的内容产品，我们拥有最好的内容，这也就是我们能够超越这个行业其他公司的原因。

CEO需具备的3C素质

TVS：我发现贵公司管理层许多成员都有受过法律教育的背景，请问您是特意作出这样的选择吗？

雷石东：我认为法律知识不但对于从事法律行业的人来说大有裨益，对于经商的人来说也是至关重要的。一旦你从事商业，你在法律学校所学的知识马上就管用了。

TVS：您觉得一个好的CEO需要具备哪些素质？

雷石东：我认为作为CEO最重要的素质是要有个性(character)，能力(competence)和奉献精神(commitment)。如果没有个性，我不会考虑后两者。个性是一个CEO的最重要的素质。

TVS：在您身边有非常多相当有才气的人，像李亦非等，他们个个都才华横溢，但这些人也是最难管理的，如果他们不同意您的观点，您又是如何处理的呢？

雷石东：首先，李亦非并不难管理，我也不管理任何人，我视他们为伙伴，朋友，而不是雇员。我们作为一个团队在一起工作。公司就像是一个大家庭，我把公司的每一位成员都看成是家庭的一分子。

TVS：如果在某些事情上他们不同意的话，您是怎样劝服他们的呢？

雷石东：我不喜欢那些只会同意赞成的人，我相信争辩才会得出真理，所以我不介意有人不赞同我的观点。相反，我希望反驳我的人有很好的理由，知道他们在说什么。（笑）

TVS: 我看过您的自传，有一点我一直很想问，为什么您会说出那些曾在事业上激怒过您的人的名字呢？您不怕得罪他们吗？

雷石东：我的确点了一些跟我有过节的人的名字。我点了韦恩·休加的名，我点了约翰·马龙的名，我点了那些跟我有过争斗的人的名字，比如迪士尼，昨天我还上了CNBC由迈克尔·艾斯纳（其曾任迪士尼的CEO）主持的节目，我们很友好。令我很骄傲的一件事是曾与我交战的那些人如今都成了我的朋友。

TVS: 您有接过他们抱怨的电话吗？

雷石东：没有，没有不愉快的事发生，没有战斗，如今我的公司没有和其他公司交战了。巴瑞·迪勒经常对我说“别再叫我曾经花费了我20亿美元的前任好友”了，因为在收购派拉蒙的过程中他让我多付了20亿美元，尽管我知道他不会赢我。

传统媒体和新媒体可以并存

TVS: 有人说媒体的影响力正在从精英阶层和媒体手中流失，您同意吗？

雷石东：流失到哪里了呢？

TVS: 新媒体。

雷石东：新媒体。首先，新媒体很重要，但是时至今日，在那些拥有新媒体的传媒公司中，其新媒体在公司的收入和现金周转当中只占到了相当小、相当小的一部分。但与此同时，我们正迅速行动抓住并利用新媒体所提供的机会，我们已经购买了很多新媒体和数码公司，在这个数字化时代里，我们会继续推进并巩固我们在新媒体的地位，无论是手机还是宽带。在中国我们做成了一笔大交易，那就是与中移动合作，这项合作让我们在中国有了更多的观众，在世界其他地方我们也通过新媒体实现了这一目标。我们所生产的产品就是要能够适应世界上任何一种播出平台，宽带也好，手机也好，互联网也好，我们都能适应，而且我们也做到了。

TVS: 您认为新媒体会对传统媒体构成威胁吗？

雷石东：不会，一点也不会。我们可以双管齐下，一方面继续用传统的方法发展我们的公司，同时在新媒体领域提升我们的地位。两者并不会相互威胁，从目前我们所做的或者说我们知道什么是可以操作的来看，传统媒体和新媒体可以并存，而且我们也做到了。

TVS: 刚才我们提到过新媒体，新媒体对维亚康母意味着什么呢？

雷石东：这意味着又一个新的发展机会，有更多平台可以推广我们的节目。我们可以把节目改变形式并推广到手机、宽带和互联网上，我们已经在这样做了。在中国，我们刚刚与百度签订了合同，百度是一家非常大的网络公司，通过它，我们的节目可以触及成千上万的中国人。我们与中移动也有合作，这样我们的节目就可以覆盖到中国所有中移动的客户。对于互联网所带来的新机会我们非常警觉，无论它是在中国、美国，还是在世界的其他地方。

TVS: 那您是如何平衡传统媒体和新技术的呢？

雷石东：我们没有去平衡，就像我之前阐述的那样，没有理由去平衡。目前传统媒体仍然扮演着主要角色，我们既可以努力在你所说的传统媒体方面做到最好，也可以在新媒体领域成为最好。

TVS: 当许多传统媒体投身新媒体如互联网的时候，维亚康母却把精力集中在了传统媒体上，如电视、电影和CD，有评论说在MySpace.com的收购战中维亚康母输给了新闻集团，也输掉了新媒体争夺战的第一仗。

雷石东: 毫无疑问，在MySpace的收购上我们输给了默多克，这对维亚康母是一个打击，这种事情不会再发生。他们几个星期只是坐在那里看如何能以比默多克低的价钱收购MySpace，他们没有全力以赴去做，他们犯了大错。我认为MySpace现在价值至少15亿美元，而且还会升值。但是，我们不怕失去机会，每天都有新机会，将来我们会更加关注这些新机会。

TVS: 传媒业瞬息万变，您预测它将来会是什么样的？

雷石东: 传媒业一直在不断变化，颠覆式的变革或是渐进式的演变在传媒产业经常发生，我相信这种变化会继续下去。至于现在，正如你所知道的，大家的注意力都集中在了这个数字化的世界。

在中国：先做朋友后做生意

TVS: 维亚康母进入中国已近十年，MTV在广东或者在中国其他地方的发展达到了您的期望吗？

雷石东: 你知道我去过中国多次，见过中国的多位部长，我们建立了关系，发展了友谊，形成了互信。至少有四五个代表团来过我家，跟我交谈。比如上海文广集团的黎瑞刚先生，我们跟他们建立了合作关系，还有来自长沙的代表团，最近我访问过那里。我很喜欢跟来自中国的朋友建立这种关系。

TVS: 对于维亚康母在中国的发展，广东市场充当了什么角色？

雷石东: 在中国落地的境外电视中，我们拥有唯一可以使用自己品牌的频道，并在广东落地，那就是MTV全球音乐电视台中国频道。我们当然希望扩大覆盖，我去访问的时候跟当地官员谈过我们希望扩大覆盖。我们在中国通过辛迪加的方式已经对MTV和尼克儿童频道的节目进行了发行，有上千万观众可以看到我们的节目。最近我们跟中央电视台签署了一项合作协议，中央电视台在中国覆盖了1.25亿个家庭。同时，我们也跟上海文广集团建立了合作伙伴关系，跟他们一起制作教育节目和儿童节目。另外我们还与北京电视台建立了合资公司，制作音乐节目。我们热爱中国，我们也一直在努力与中国扩大合作关系。

TVS: 您去过中国好几次了，您能不能把您在中国做生意的经验跟那些想去中国发展的企业家们分享一下？

雷石东: 如果有什么经验的话，我也不会跟他们分享，因为他们是我们的竞争对手。但事实上，对于那些想效仿我们而从来没有取得成功的公司来讲，他们进入得已经太迟了。我想说的是，一开始不要太注重金钱利润，而应该搞好关系、建立友谊。建立真正的友谊和互信是在中国取得成功的关键一步。

TVS: 您雇佣了上百名中国职员，您对他们的印象如何？

雷石东: 我觉得他们非常优秀。有趣的是MTV雇佣的员工99%都不是美国人. 中国员工是非常有才华的，李亦非就是一个例子，这也是我们在中国能够成功的原因。

TVS: 中国员工和其他员工有什么不同？

雷石东: 没有不同，他们都是精英中的精英，我们希望拥有最好的员工，不管是在美国、伦敦、中国、俄罗斯，或是非洲，我们都努力拥有最优秀的员工，当然，在中国我们已经拥有了最优秀的员工。

TVS: 我知道到目前MTV全球音乐电视台中国频道已经转向盈利。

雷石东: 刚刚盈利。我说过这么多年来我们宁可放弃利润，也要建立互信，这样中国政府和人民才能相信我们。是的，通过这么多年的努力，我们就快要有收获了。

TVS: 谈到中国市场，我们不得不谈及时代华纳和新闻集团。

雷石东: 为什么要提及这两家公司呢?它们只是二流公司而已。(笑)唯一重要的公司就是维亚康母。

TVS: 在中国市场你们是竞争对手。

雷石东: 是的，我们是竞争者，但让我们来看看，只有维亚康母允许用自己的品牌名。在中国，你能看到MTV，尼克儿童频道的节目，但看不到其他品牌名字，如迪士尼，它可以制作儿童节目，但它并非以迪士尼这个品牌名字出现的，也许在酒店里可以看到带迪士尼品牌名字的频道，但普通观众看不到。

永远60岁的耄耄老人

TVS: 您说过在您的字典上是没有“退休”这个词的，但今年年初您从维亚康母CEO 的位置上退了下来，这是否意味着您决定退休呢?

雷石东: 我并没有放慢脚步，当初任命汤姆•弗雷斯顿和莱斯利•莫维斯为我的副手的时候，我觉得既然让他们管理公司，就应该给他们CEO这个头衔，但尽管如此，我从来没有放弃过主席这一职位，并一直都是控股股东。头衔并不重要，我放弃的只是头衔而已，并不是角色。我继续到世界各地去，到中国去，我刚从土耳其回来，在那里我们创立了一个24小时播出的频道，后来我又在安卡拉会见了土耳其首相。在这之前，我去了科威特和阿联酋首都迪拜，阿联酋皇储是我的老朋友，我们在那里寻找商机。我会继续周游世界，不久我又会去一趟远东。

TVS: 您现在还参与公司的日常管理吗?

雷石东: 是的，但日常大部分的决定我都交给负责管理公司的人员。我认为拥有了最好的员工，你就应该依靠他们，信任他们。当然一些重大决定必须先征得我的同意才能做出。

TVS: 您现在已有80多岁了。

雷石东: 不，不，不，那是谣言，别信，我才60多岁。(笑)

TVS: 您还是那么精力充沛，您的日程安排甚至把年龄比您小一半的人累垮，您有什么秘诀吗?

雷石东: 没什么秘诀。我通常早上5点钟起床，跟美国东海岸的人通电话，东海岸应该是8点钟。我每天用花六七十分钟到外面散步，所以身体很好很健康，我体重减了不少。你知道为什么吗? 他们说瘦老鼠比胖老鼠长寿，所以我希望成为瘦的什么，而不是胖的什么。(笑)

TVS: 通常您是怎样安排工作日程的? 有没有哪一天比较典型?

雷石东: 对我来说每天都一样，起床后就得去看股票的运行情况，我们在进行一项股票购回计划，我要参与每一笔交易，这样一直就到1点钟，纽约时间是4点钟。股市休市后，我通常会打电话，而且一打就是很长时间。然后我要健身，让自己更有活力更加年轻。晚上我一般要出去吃饭，主要是跟那些与我们公司有关系的人吃饭，像布拉德·格雷、雪莉·兰辛，以及其他同事、朋友和他们的孩子，还有一些制片人。

TVS：您有时间喂鱼、弹琴吗？

雷石东：有，我有时间做任何事情。你有看到我养的热带鱼吗？

TVS：看到了，一进门我就看到了。

雷石东：你看到那个房间有个大鱼缸了吧？走之前，你应该看看，我觉得这应该是世界上最棒的海水鱼收藏。

TVS：您很喜欢热带鱼，是吧？

雷石东：是的，我很喜欢热带鱼，这是一个很好的嗜好。

TVS：很多人都问过您这个问题，您的下一个五年计划是什么？

雷石东：我只会一天一天地计划。对我来说最重要的是每天醒来的时候，机会是不会自己找上门来的，你必须自己去寻找。我和公司的其他成员都一直在寻找新机遇，或在美国，或在中国，或在世界其他地方。

我想成为一位好父亲、好祖父

TVS：这样说，我们都应该减肥了。您在自传里说到，“母亲对我的标准是：得不到第一就是失败”，这也是您对子女的要求吗？

雷石东：这是我给自己定的标准，我对孩子的要求不会像对自己的要求那么高，但我希望他们做任何事情都能够做到最好，这也是人之常情。

TVS：您对孩子们的成就满意吗？

雷石东：当然满意。

TVS：对您女儿夏瑞呢？

雷石东：我女儿是个很成功的女人，她与别人共同管理着国家娱乐有限公司，作为CEO，她的工作非常出色，我非常喜欢她。

TVS：您知道默多克曾经希望将来的人们认为他应该是“一个希望影响世界并且永久性地影响了世界的人”，您希望将来人们如何评价您呢？

雷石东：首先，我跟默多克先生及其夫人邓文迪感情非常好，他们来过我家很多次了，他们的孩子很喜欢我养的海水鱼，我个人非常敬重默多克先生。他是您下一个问题的对象吗？

TVS：是的。您希望人们如何记得您呢？像默多克先生那样吗？

雷石东：首先，我不想离开这儿，我想永远活着，所以我不必去想如何让人们记得我。但事实上，我希望人们将来记得我是一位好父亲、好祖父，同时，我也希望人们记得我在传媒业取得过极大的成就。

在波士顿哈佛商学院采访约瑟夫·鲍尔教授 Business School, Harvard University, Boston, 2006 （摄影：华明）

国人来说，维亚康母公司是无形的。我们看不到维亚康母公司，看不到新闻集团，看不到迪士尼公司，我们看到的只是他们的一个个“碎片”。所以从这个意义上说，对于普通美国人来讲，雷石东是无形的。

TVS：这些碎片是有影响力的？

约瑟夫·鲍尔：这些碎片是有影响力的？是的，这一点我们很清楚。所以一般美国人都知道MTV，但可能却不知道MTV和哥伦比亚广播公司（CBS）是属于同一个公司的。

TVS：是的，我跟一些美国人聊过，问他们是否知道雷石东先生，他们都说不知道他是谁。

约瑟夫·鲍尔：是的，确实是这样。

内容生产与传播渠道同样重要

TVS：您对他的管理方式又有何评价？

约瑟夫·鲍尔：正如我刚才所说，他会跟其他人讨论，尽量把问题搞清楚。当他遇到问题，他会毫不迟疑地去解决问题，他不会等待，或许你可以将其称为没有耐性，但我觉得好的企业家就应该这样做。

TVS：刚才您提到，1995年您选择了维亚康母公司作为研究的个案，您当时为什么会作出这样的选择呢？

约瑟夫·鲍尔：噢，传媒业变得越来越重要，而哈佛大学在这方面的研究案例很少。非常引人关注的是维亚康母公司正在把自己打造成一家节目内容生产公司，它的战略是以内容为核心的。这非常有趣，当时其他大型的传媒公司都在关注传播渠道建设，也就是传播渠道为本。而雷石东先生却退了一步，把焦点放在内容的制作上，这一点很有意思。我们的学生对他如何打造有影响力的品牌内容非常感兴趣。当人们习以为常地打开电视看尼克儿童频道或MTV的时候，事实上他们看的就是维亚康母的节目，这样能够影响观众的权力就从传播渠道转移到了内容上。

TVS: 你们分析的结果如何？维亚康母公司跟其他媒体公司不同，它十分强调内容，雷石东曾强调内容为王，在数字时代内容依然为王。新闻集团的拓展方式与此大相径庭，你们研究出来的结果是怎样的呢？

约瑟夫·鲍尔：这就是为什么我们在一些课程上要把这两个个案同时讲的原因。在开放的市场上我们看到有两种方式在竞争，我们不知道哪一家会是赢家。不过要依情况而定，有时候我们会看到内容生产十分重要，有时候我们又会看到传播渠道十分重要。新闻集团干得不错。我的意思是新闻集团当然一直做得很好。

TVS: 您是一名研究公司战略的专家，您觉得维亚康母的策略是否得当？我是指内容为王的策略。

约瑟夫·鲍尔：我认为，问题是，观众想要的是内容，这是毫无疑问的，问题在于公司是否能够从中获取收益，谁能赢得收益，是传播渠道呢，还是内容制作者？这是一场一直持续的战斗。现在的情况是网络正在改变着固有模式。

TVS: 您认为网络对传统媒体有影响吗？

约瑟夫·鲍尔：影响巨大。现在越来越多的广告正在转向网络。人们可以在网络上google（搜索）。Google正在使用一些别人拥有知识产权的内容而无需付费。因此，网络对于内容生产者来说是一个严峻挑战，我们不知道这将如何发展，但相信在未来两三年，我们将会看到它们之间激烈的战斗。

TVS: 是的。这是可以和雷石东谈论的好话题，你们有谈及网络吗？

约瑟夫·鲍尔：当然有，我们刚才谈到了，他说我们看到了网络是如何发挥作用的，但是我们也要采取一些行动。

TVS: 雷石东先生认为网络是传统媒体的延伸，而不是挑战，不是威胁，您同意他的观点吗？

约瑟夫·鲍尔：如果他有办法保护他的知识产权，保护他的内容的话，那么他的观点就是正确的，否则的话将会是一个大问题。

善于用人是雷石东成功的关键

TVS: 20年前雷石东先生收购了维亚康母，之后又成功收购了另外两家公司。收购公司不难，但要盈利就不容易了。您觉得雷石东先生为什么能做到呢？

约瑟夫·鲍尔：雷石东先生善于吸引、使用人才，而且十分支持他们的工作。实际上这些人帮他经营公司已有很长时间了，这在旧工业时代是很少见的。他们都说很愿意为雷石东先生工作，因为你需要什么资源他都会尽量满足你。

TVS: 您觉得这是他成功的关键因素吗？

约瑟夫·鲍尔：这是两三个成功因素中的其中一个。

TVS: 那另外两三个是什么呢？

约瑟夫·鲍尔：雷石东先生敢于冒险，极具智慧，而且敢于反击。时代华纳，TCI，和约翰·马龙等都曾给他造成了极大威胁，而为了让观众能看到维亚康母的节目，雷石东利用反托拉斯法案提起了诉讼，他是勇敢的斗士，这点非常关键。

TVS: 您认为在管理方面我们有什么可以向雷石东先生及其公司借鉴的吗？

约瑟夫·鲍尔：问得好。我想有两点可以借鉴。第一点是，要经营大公司，必须要有能人帮你管理，而你得支持他们

哥伦比亚广播公司是维亚康母旗下的广播电视公司 New York，2006

的工作和管理。第二点则是几乎相反，世界不停地改变，事情不断地发生，机会来临的时候你得好好把握，马上行动，你不可能永远地研究而没有行动。雷石东先生非常懂得抓住机遇并采取行动，从而取得成功。

雷石东是一位优秀企业家

TVS：你觉得雷石东先生是一位称职的首席执行官吗？

约瑟夫·鲍尔：他当然是一个令人印象深刻的CEO，至于是不是出色这很难说，但他绝对是一位出色的企业家。

TVS：那为什么您不说他是出色的CEO呢？

约瑟夫·鲍尔：首席执行官有很多内涵意思，雷石东先生手下有多名首席执行官。我更愿意把他看作是一位经营发展了一个集团公司的企业家。

TVS：我们谈到维亚康母公司分拆成两家公司，您如何看待这个问题？

约瑟夫·鲍尔：这个问题很有趣。雷石东先生认为如果两个不同的公司合起来价值更大的话，就没必要把它们并在一起。很明显他觉得资本市场不欣赏维亚康母公司现在的运作，如果把公司分开更有助于把它们的业务理顺。我们可

采访维亚康母执行总裁菲利普·杜门 Times Square, New York, 2006

菲利普·杜门(Philippe P. Dauman)是雷石东的左膀右臂，维亚康母每次收购大战的硝烟中都能见到他的身影。在雷石东把维亚康母拆分为新维亚康母和CBS两个独立上市公司之后，杜门又被委以重任，重新执掌新维亚康母。

2006年10月27日上午，我们在纽约维亚康母总部采访了这位律师出身的新任维亚康母CEO。作为法国人的后裔，杜门的脸上少了几分凝重，多了一些笑容。但是在轻松的背后，你能感觉到他的干练和机敏。

菲利普·杜门：雷石东是丛林之王

在很多讨论之初，我们都会有分歧。
我不是个没有主见或唯命是从的人，他也不是。
我们一起探讨、争论，相互影响，最终达成一致。

他让我拥有了激情

TVS：首先，我想先对您说声祝贺，因为两个月前您被任命为新维亚康母的总裁和首席执行官（CEO）。

维亚康母执行总裁菲利普·杜门：非常感谢你的祝贺。

TVS：作为首席执行官，我想您一定很忙，那您现在还有时间去雷石东家吗？

菲利普·杜门：实际上，从一认识他，我就他家的常客。我经常去洛杉矶，因为派拉蒙在那里。我很喜欢去雷石东家，也很喜欢他养的鱼。

TVS：哈哈哈，我也喜欢他的鱼。您已经认识雷石东20多年了，这么长的时间足以使您成为他们家庭的一员了，雷石东在你的生活中扮演着怎样的角色？

菲利普·杜门：雷石东在我的生活中扮演着非常重要的角色。我认识他已经20多年了，从刚认识的那天起，我们就建立了很好的关系，对对方的才智都很欣赏，有种惺惺相惜的感觉。20年前，我和他一起收购了维亚康母。这是一个了不起的经历，收购非常成功，同时他也使我拥有了自信，我们一起取得了很多成功，我希望将来能取得更多成功。

TVS：您知道我们正在拍摄一部有关雷石东的记录片，而您是一个不能忽视的人物，那雷石东欣赏您什么呢？

菲利普·杜门：哦，这个问题你还是去问雷石东吧，我很难评价我自己。但我认为雷石东和我共有的是对公司的激情。我们在维亚康母已经一起工作20年了，在这20年中，我一直是维亚康母的董事会成员。同时，我在他的家族公司——国家娱乐公司也担任董事会成员好多年。所以我们对公司都很有感情，我们也对我们所经营的行业充满了感情。娱乐业是一个令人着迷的行业，很有意思。它的发展速度很快，需要很多战略性的思考，我很高兴能和雷石东一起来做这些。

TVS：刚才您说雷石东先生使您拥有了激情，对吧？

菲利普·杜门：哦，是的，他是一个充满激情的人，很有感染力！

TVS：您是如何理解那种激情的？怎么诠释它？

菲利普·杜门：哦，我觉得雷石东总是有一种想取得成功的欲望，他总想成为第一。他非常有竞争意识，他喜欢面对挑战，并战胜它。我认为这就是他与生俱来的激情，赢的激情，赢是唯一要务。我很赞同在这些年里他教会了我如何获得这种激情。

分歧有助于作出正确决定

TVS：你们两个人在维亚康母共事了20多年，您帮助他通过几次成功的收购发展壮大了维亚康母，哪一次是令你们两人都最为兴奋的？

菲利普·杜门：我觉得有两次收购令我们兴奋不已。一次是收购维亚康母本身。你知道那时候在电影放映业，雷石东非常成功。20年前，他已经到了许多人认为是要退休的年龄，但他却看到了MTV音乐电视和尼克儿童频道的光明前景。当时，它们还很不成熟，他冒险投入自己所有的积蓄去收购维亚康母，这些钱都是他在电影放映业中赚来的。那是一个漫长而艰苦的并购过程，但他一直坚持不懈。

第二次是收购派拉蒙，对派拉蒙的成功收购使我们从一个相对较小的公司成为传媒行业中实力最强的公司之一。当时是1993、1994年，那也是一个非常艰难的购并过程。他非常顽强，最终在价格上取得了胜利。我认为这两次收购恰恰证明了萨默·雷石东是怎样的一个人，他顽强、富有激情，百折不挠，这正是他今天会取得成功的原因所在。

TVS：传媒行业瞬息万变，如果您有了一个很好的主意，可能有点冒险，但却需要赶紧作出决策，雷石东会如何答复呢？

菲利普·杜门：我们之间很容易沟通， 我们互相理解、互相信任。他具有伟大的战略眼光。他从事娱乐行业50多年了，因此经验丰富。他的决策是建立在理性思考基础上的，我们会一起讨论，评估风险。对于我建议的一些重要战略决策，如果是深思熟虑的，他也会批准认可。我们经常交换意见，在作决策时，我们尽量不凭借直觉，虽然有直觉的成分，但直觉是以合理地评估所有因素为基础的。

TVS：照您所说，您和雷石东有许多共通之处，如果你在决策上与他有不同意见，你们是怎样处理的呢？

菲利普·杜门：在很多讨论之初，我们都会有分歧。我不是个没有主见或唯命是从的人，他也不是，我们一起探讨、争论，相互影响，最终达成一致。这也正是我们能融洽相处的原因。我们试图在大多数情况下都能作出正确的决定，虽然不是每次都能办到，但若在大多数时候可以办到，就已经很好了。

TVS：你们真幸运（两个人都笑了），有些人说雷石东缺乏耐性，这您同意吗？

菲利普·杜门：不，我不同意，我认为如果一个人因没有尽力而导致失败，他便会失去耐性。不过，他也知道人不可能事事顺利，要取得最终胜利需要一个漫长的过程，你必须时刻做好准备。过去多年来他一直赞同的一个观点是：要建立一个像我们今天这样规模的企业必须要花费很长时间。建立新的电视网络需要花费数年才能成功，并且需要大量投资，所以你必须有耐心，但如果一个人不尽最大努力去赢得胜利，他就会变得没有耐性。

维亚康母依然专注内容生产

TVS：你经常和雷石东一起讨论新媒体吗？

菲利普·杜门：新媒体？是的，事实上，我们昨天刚好进行了一番讨论。我让他时刻了解该领域迅猛发展的动向。新媒体也是一个我非常感兴趣的领域，同时，雷石东也在关注着传媒业如何随着时间的推移而发展和演变。

TVS: 雷石东告诉我在数字化时代仍然是“内容为王”，您同意他的观点吗？

菲利普·杜门: 确实如此。我认为维亚康母的定位很好，我们是100%纯娱乐内容的公司，在内容的推广上我们也做得很好。我们的内容产品在任何媒体上都可以看得到，无论电视还是电脑；在全世界都可以看得到，无论是在美国还是在中国。人们想看到的是精彩的内容，他们迷恋新技术，但是，在克服了最初对技术的迷恋之后，他们真正感兴趣的则是好的内容，全世界都如此。所以如果你有好的内容，我相信，而且雷石东也相信，这基本上能保证您取得巨大成功。

他是丛林之王

TVS: 根据许多人对成功的定义，雷石东是非常成功的，他是您的榜样吗？

菲利普·杜门: 他是的。我本身就富有竞争意识，他教我如何达到竞争的最高水平，因为没人能有他那么强的竞争实力。他没觉得，我也从来没觉得取成功就可以放松了，我们总是有更多的目标要去实现。巨大成功是取得更大成功的基础，在这方面他教会了我很多。这种对成功的追求使我们对生活充满了兴趣和激情，它使生命更有价值。

TVS: 雷石东在他的书中说他不容易和别人相处，那您是如何避免这个问题的呢？

菲利普·杜门: 和他相处，我没觉得有什么困难，我一直和他相处得很好，并且保持一种非常良好的关系，我们以诚相待，喜欢一起讨论事情。他很幽默，我们时常一起欢笑，所以我一点都没觉得和他相处有任何困难。

TVS: 我的最后一个问题是，在中国，一些人将默多克形容为从不停止战斗的狮子，如果用一种动物描述雷石东，那您会选择那种动物呢？

菲利普·杜门: 有趣的问题。如果默多克是狮子，那么我会说萨默·雷石东就是猎狮人，我认为他是世界上最最具有竞争性的动物。 从这种意义上说，他和默多克有许多共同特征，但他是为成功而活，为明天而活，他是丛林之王。

TVS: 非常感谢！

菲利普·杜门: 不用谢，我很荣幸！

李亦非在采访现场 Beverly Hill，Los Angeles，2006

李亦非曾任MTV大中华区总裁、MTV亚太区执行副总裁、维亚康母中国区首席代表。她身上有着太多传奇色彩。她曾经当过武林高手、参演过《火烧圆明园》、《神秘的大佛》；她是第一个登上《财富》杂志封面的中国女性。MTV在中国的飞速发展离不开她的前后奔忙。1999年当她加入MTV的时候，维亚康母中国公司还只是一个挤在一间房里的简陋办事处。然而时过境迁，在我们的书稿付印之际，李亦非已经离开了维亚康母。

为了节省制作时间，我们对李亦非的采访是在纽约的一家酒店里进行的。相比起镜头前的女强人，我更喜欢她在牛扒馆里的那股不让80后的“疯”劲。

李亦非：盈利是为了更大的投资

我们公司有一句话说："你要成为一只饿狼，"
你必须聪明，要有学习的能力，
但是你要有饥饿，要有成功的愿望、意愿。

MTV是一个很酷的品牌

TVS：李总，你好，感谢您接受我们的采访。今天我们可能还要从您当年的一些经历谈起。

大家都知道，您当年是在美国的博雅公司在工作，而且职位已经很高了，而那时的MTV在中国才刚刚起步，甚至连一个像样的办公室都没有，您为什么会选择MTV呢？

MTV大中华区总裁、MTV亚太区执行副总裁、维亚康母中国区首席代表 李亦非：我在纽约住了十年，在美国生活这十年中，我就是看着MTV长大的。因为我是21岁在美国留学，其实刚来的时候，举目无亲，也没有什么朋友，很孤独，很多时间都花在房间里面，在自己的学生宿舍或自己租的房间里面看电视，MTV、VH1都是MTV旗下的品牌，几乎是我当年消磨时间最主要的一个方法，所以MTV对我来说是非常熟悉的。当VIACOM公司找到我，让我加入MTV，成为中国区域总裁时，我觉得这一下令我梦想成真了。

TVS：MTV是在1981年正式创立的，您是1985年才来美国的。才三四年左右的时间，应该说MTV还很年轻，那时您第一次见到MTV的印象是什么样的？

李亦非：哇，真酷，应该说那时侯MTV和 迈克尔·杰克逊相互捧红了对方。MTV是1981年成立的，以后，迈克尔·杰克逊也出了当时第一首音乐录影带，就是墓地跳舞那个，就是那个MUSIC VIDEO一下子就把他在全球变成了超级巨星。而我也是在中国，1981年在中国上大学的时候，我就看到了那个MUSIC VIDEO，当时就觉得特别酷，所以到了美国就天天看MTV，不愿意关电视。MTV的观众群就是15~34岁嘛，而最主要的是在15到25岁那个年龄阶段，而我正好是在这个年龄段，最喜欢音乐的时候。

TVS：我记得当时MTV发起了一个叫 I WANT MY MTV 的运动。

李亦非：对，这个已经成为哈佛大学的Case Study（案例分析）。他们在短短的一年时间，把MTV这个全新的品牌推广到2600万户家庭，美国当时人口的7000万左右嘛，将近当时美国人口的1/3了。当时是聘请了十个摇滚乐歌手，由他们来做一个30秒的宣传片，提出 I WANT MY MTV 的口号。当时所有年轻人都回家和父母说我要定MTV这个无线电视网。

TVS：您刚才讲了，您对MTV可以说是一见钟情，情有独钟，最后您也是选择了他，那么，您当初知道为什么MTV会选择您吗？

李亦非：当时他们也在中国找了很多人。一般来说跨国公

从MTV演播厅可以俯瞰时报广场 Times Square，New York，2006

司在中国找第一把手（总经理）的时候，都要找个德高望重的。但是，MTV刚好是个年轻化的品牌，当时我还很年轻，对工作充满激情，对MTV也很熟悉，我在美国留学那么长时间，那么，我觉得可能是因为这些综合因素，我适合这个品牌，我了解这个品牌，他们就觉得我适合这个品牌。

TVS：我觉得您当时接受这个邀请也是对自己的一个挑战。

李亦非：对我来说，其实，我并不喜欢一个重复性的工作，那时我觉得我在博雅做了四年，每年都有进步，但是再做下去的话，就有很多重复性的工作，我非常喜欢探索新的东西。MTV是这么一个酷的品牌，这么一个年轻化音乐的品牌，又让我去负责整个中国业务区的开发，我觉得是一个非常好的机会。

TVS：我们都知道MTV是1999年进入了中国市场，当年进入中国市场以后，就是在您的带领下，马上和CCTV进行合作，成就了CCTV-MTV音乐盛典。CCTV在中国对于每一个中国人来讲都是一个相当强大的品牌，而MTV当时在中国的影响并不大，合作难度肯定会比较大，这其中会不会很曲折？

李亦非：其实一开始，我们确实是和文化部合作，在我加入MTV之前，他们已经聘请了我们博雅公司做VIACOM 中国区的顾问。我记得当时我见到这个负责人的时候，他就问我一些对MTV将来中国战略的一些看法，我当时就跟他推荐在中国做个颁奖典礼，专注于音乐方面的颁奖典礼。结果他们就在公司内部高层做了一个决策，并很快付诸实施。最开始的合作伙伴选择的是文化部，但是很不凑巧，在文化部，我们没有拿到这个批文。然后，我们转而找到了中央电视台。中央电视台非常积极，他们很快跟我们进行了实质性探讨。我们觉得这个名字起得非常棒，CCTV-MTV音乐盛典。“音乐盛典”这四个字，我看现在很多中国的颁奖典

中国是巨大机遇

TVS: 雷石东先生说，中国是维亚康母的一个目标市场。它对维亚康母的全球战略至关重要，对此，派拉蒙会有哪些举措?

布莱德·格雷: 是的，我认为中国对于我们来说是一次巨大的机遇。去年，我们在上海拍摄了《碟中谍3》。关于中国市场，雷石东曾经说过，不仅派拉蒙，而且整个维亚康母集团都要优先考虑。以他的观点，作为全球性的大型内容生产公司，维亚康母必须把中国作为优先考虑对象，对此他已多次提及。你知道雷石东去过中国多次，他要使维亚康母和派拉蒙的所有产品都能受到中国市场的喜爱，并像在世界上其他地方那样取得成功。因此，对于我们所有人而言，中国是要优先发展的市场。

TVS: 您知道，对于维亚康母在中国的主要目标是促进交流。雷东石先生说，要推动中国与世界其他地方的文化交流。派拉蒙有什么计划来宣传中国文化吗?

布莱德·格雷: 从我们的角度，我认为，我们愿意尽可能地和中国接触，尽可能多地进行试点，这样我们能更多地从中国文化中获益，并将我们的声音带到中国，反之亦然。这种良好的交流使我们在美国的国内市场以及现今我们在其他地区和国家的市场从中受益。这样，我们便可以通过娱乐了解中国的文化。

采访派拉蒙公司执行总裁 Paramount Pictures，Los Angeles，2006

03

第三章 拍摄手记

《世界的印记：雷石东和他的传媒帝国》

如是我闻

采访雷石东 Beverly Hills，Los Angeles，2006

TVS
Canon

摄制组和雷石东合影（左起：摄像、灯光：邓谦明，作家：华 明，制片人（兼摄像）：黄天文、雷石东、领队（兼平面摄影）：区念中，编导（兼采访）：薄义群，翻译（兼剧务）：刘承 Beverly Hills，Los Angeles，2006

采访前的准备 Beverly Hill, Los Angeles, 2006

们都可以把祖上的签名踩在脚下并为此感到骄傲。后来，希望“水泥恒久远、一块永流传”的明星太多，剧院门前的场地有限，行情很快变成了花钱租才能给你留一个位置。如果不是明星自己赎回，完成日期较早的那些水泥块恐怕不知道哪里能找到了。

希望吴宇森的那块留得时间长一些。

拍摄名人大道，找到代表基努·李维斯、桑德拉·布洛克、李小龙的星星。

然后去雷石东家。

贝弗利山(Beverly Hills)的路不难走，但雷石东的家并不好找。导游路先生在洛杉矶从业多年，这一带也是第一次来。离市区越远，树木越高大丰茂。沿途大宅形色各异，看上无不豪华舒适。团队一行翻山越岭穿花渡柳，终于在葱笼掩映处见到雷宅所在社区大门。

贝弗利山的业主非富即贵，演过《贝弗利警察》《肥佬教授》的艾迪·墨菲，凭《训练日》拿下奥斯卡影帝的登泽尔·华盛顿都是雷石东的邻居。据说雷家大宅的老主人是动作明星史泰龙（Sylvester Stallone）。史泰龙前半辈子一直在银幕上操枪挥拳，生活中还是拿画笔的时候多，上了几岁年纪更是喜欢安静。虽在隔壁另辟新居，仍担心故居易主，易来的是发了财的音乐家，每日吹号弹琴，那自己就要整日“不亦乐乎”了，1600万的房子转给雷石东只要1450万。而雷石东老一生事业为重，虽有万贯家财40年来却以享受酒店为乐，从不出手买房。娶妻葆拉后观念与时俱进，新郎官和老明星周瑜黄盖愿打愿挨交接愉快，贝弗利山顶从此有了雷府。

保安验过一行人证照，通过对讲与业主核对后才放摄制组进门。汽车又走了5分钟，终于到了雷宅。

雷石东的宅坻显然经过精心设计。院内蒹葭分水，石阶错落，简洁典雅。肥大的锦鲤游来荡去，个个衣食无忧、有钱有闲的样子。临近万圣节，院子一角还摆了一排应节的南瓜灯。室内家俱风格复古，地毯搭配有致。明清中式椅，欧式软垫椅共处一堂。无论哪个房间，只要你想坐，身边就会有沙发。几案布满了主人的照片。照片里娘家亲戚不少，一派欢乐祥和。尺寸最大的是主人夫妇的近照，他们和现任总统布什夫妇的合影则摆在最醒目的位置，上有总统夫妇签名。

我们的制片人黄天文环顾四周，不胜感慨："这是我下一个人生目标。"

照片上的女主人丰满亲切，眼前的雷太太格外热情。茶点在摄制组进门之前就已安排妥当。杯碟讲究、很有家庭气氛，点心精美，看着让人开胃。雷太太忙前忙后，不笑不说话。待人接物，有"总想对你倾诉，我对生活是多么热爱"之态度。同摄制组成员一一打了招呼，特别请大家一定要尝尝茶点。

拍摄结束后，雷太太又专程带摄制组到花园看她种的一块菜地。地不大，一亩三分，青菜红菜长得不甚整齐，但女主人脸上洋溢着丰收的喜悦令人羡慕。临行前她还亲手摘下两下柠檬一个牛油果送给摄制组。

美国人提倡"表扬与自我表扬"，习惯逢人便夸。身兼翻译的主持人薄义群也入乡随俗，感谢盛情款待。

雷太太本名葆位•福尔图纳托（Paula Fortunato），认识雷石东时42岁，是位小学老师。与葆拉结婚前，雷石东只"对工作夏天般火热"，上班早来晚走，从不懈怠。公司的管理人员6点下班他还发脾气。也许是葆拉的生活态度感染了他，2003年二人结婚后，雷石东不光买了大宅，居有定所，还开始搜集热带鱼，养了一大缸。老北京有头有脸的人家，硬件讲究"天棚鱼缸石榴树"，雷宅的配置显然是升级版。对同事，雷石东更是有了"春天般温暖"。

女人是男人的学校。雷石东的改变再次证明了他的进取精神。

摄制组布线，架机，调灯，试咪。这部分内容出现在电视节目中通常都会做成"快镜"，来压缩时间，体现工作成果。一个固定镜头里，不同的人以高于动作实际发生频率的速度移来动去，一转眼，活儿就干完了。

大厅另一侧，在热带鱼缸包围出的小起居室内，雷石东在看电视打电话。雷石东的助手卡洛偶而进去谈一会。

安排这次行程，又从北京飞来陪摄制组组采访的李亦非说，雷石东很喜欢热闹。

万事俱备，只差主角出场。据说雷老早就等得不耐烦。

这是双方期待已久的时刻

雷石东面带微笑，样子很象老年版马德钟。

李亦非引路，雷石东携夫人款款而来。

雷石东身材高大，亚麻色头发微微发白，步履沉缓，小腿在裤管下已现鹤形。仍像一头年老的狮子，顾盼犹存雄威。葆拉依旧满面春风。

宾主握手，落座。

这是双方期待已久的时刻。

1997年雷石东首次访华，对中国的飞速发展、中国巨大的市场潜力产生了浓厚兴趣。两年后雷石东出席在上海举行的"财富论坛"，拜会了江泽民主席并宣布与中国中央电视台及上百家有线电视台合作。很快，MTV音乐频道通过"CCTV-MTV音乐盛典"深入人心，《MTV天籁村》成了中国收视率最高的国外合作类节目。自2001年起，雷石东中国之旅由两年一次改为每年一次。2004年更是两次赴华，并与南方广播影视传媒集团第一次握手。雷石东说："我们所做的不是把纽约或者欧美的音乐带到中国来，而是通过和中国公司建立伙伴关系开发中国本地的音乐，把中国的音乐和文化带到全世界。"

1999年起，维亚康母为中国广播民族乐团美国巡演

广东南方电视台台长区念中向雷石东夫妇赠送纪念品 Beverly Hills，Los Angeles，2006

等一系列中美文化交流活动搭建了桥梁，并把朱哲琴、李玟等歌手推上美国舞台。2003年，维亚康母帮助央视9套在美国主要城市落地后，MTV音乐频道终于获准通过广东省有线电视网落地，珠三角100万户家庭可以24小时看到MTV的节目。

MTV音乐频道是目前维亚康母进入中国大陆的唯一业务，其业务以每年30%~40%的高速增长，但雷石东有更高的期望。

对南方传媒集团来说，MTV在广东落地加剧了本地市场竞争，也提供了一个近距离了解国际电视市场动态，研究和学习国际传媒集团发展战略和运营机制，寻求合作、共谋发展的良机。

2005年，广东省副省长雷于蓝率广东广电表团出访美国，南方传媒集团总裁王克曼和雷石东签订了合作协议。同时，雷石东欣然接受南方传媒集团的聘请，担任高级顾问。

2006年，广东省委副书记蔡东士率广东广电代表团出访美国，雷石东在家中接待了远道而来的客人，并高兴地应允在美国接受南方传媒集团的采访。

此刻，南方电视台的摄像机正在记录雷石东与区念中的友好会谈。雷石东面带微笑，样子很像老年版马德钟（香港TVB男演员）。

区念中简单介绍了南方传媒集团和南方台的情况，对雷石东的邀请再次表示感谢。客人精心准备的礼物，让主人喜形于色。葆拉热爱美术，看到清新素雅的工笔荷花，眉飞色舞地说挂在走廊的某某位置；品质不俗的湖笔套装，也让自称“中国文化大使”的雷石东兴趣盎然。李亦非用语简洁，向雷石东说明文房四宝的意义。压轴的是南方电视台的朱雀牌匾。朱雀是中国传说中的神鸟，代表南方、火和财富。朱雀也是南方电视台的“吉祥物”，摄制组从广州出发前，南方台的同事纷纷在牌匾上签名，表达对这位传媒前辈和成功老人的敬意。

李亦非翻译仔细，雷石东听得认真。主人收下礼物，摆在门厅唯一的圆桌上。圆桌正对大门，桌上刺绣、玉雕、宝剑、佛像与新加入的“南方礼物”，构成了风格鲜明的“中国展区”。

雷石东和葆拉还在另一块牌匾上签名，请摄制组带回广州，保存在南方台。

按计划，采访开始前要拍摄“主人夫妇花园散步”的生活素材。夫妇二人起身出屋，摄像黄天文、邓谦明扛着长枪短炮、区台和我各执一架相机、加上MTV的工作人员、雷府提调左右追随。雷石东和葆拉揽腰搭背走过草地，草地上长着开紫花的树，走过水池，水上正泛着涟漪。雷老兴致很高，步伐坚定，走到仙人掌区才停下脚步。MTV的工作人员说“亲一下”，雷老便面带笑容地为妻子送吻，任由大家“全中近特”。

2008年10月17日，雷石东和葆拉向洛杉矶高等法院呈交离婚申请。据雷石东的发言人称，两人是因为“不可调和的矛盾”才决定和平分手，并没有说明具体是何原因。

问题细到几点起床

实际上要解决的就是节目作给谁看，观众为什么要看，如何既省钱又作得好的问题。这也是所有同行所有节目都要面对的问题。

2006年7月11日，ALLAN BO在天涯网留言：下个月我将去美国采访传媒巨头默多克、雷石东、帕森斯，谁有问题请告诉我。

网友A留言：你真牛。

网友B留言：是央视水哥吧？其他网友都跟着B把ALLAN BO当成了“水哥”，英文名叫ALLAN的薄义群赶快出来声明：我不是水哥，我是南方电视台的薄义群，南方电视台的新闻主播，英国威斯敏斯特大学传媒学院的研究生。

大多数人的印象里，采访对象到了默多克、雷石东、帕森斯这个级别，不是央视的节目也是凤凰卫视的节目。

这种节目对南方台，的确也不多见。

在我们南方台摄影组采访雷石东返回不久，12集纪录片《大国崛起》在中央电视台播出了。这部纪录片创作历时3年，据说单集成本超过200万人民币。片中的美国部分，拍摄时间就长达73天。

《大国崛起》首播轰动，立即成为现象级作品。再次验证了大投入大产出模式对于大台的可行性。

雷石东的纪录片我们该怎么做？

电视落地区域的大小决定了节目的制作成本的大小，南方电视台还没有覆盖全国。节目完成后仅在一个电视台播出，并未达到传播效果的最大化。节目完成后观众必看，才能保证其他电视台必播。

实际上要解决的就是节目做给谁看，观众为什么要看，如何既省钱又做得好的问题。这也是所有同行所有节目都要面对的问题。

南方电视台并没有专门制作纪录片的部门。对于非常态节目，台里一直采用员工机动小组的运作方式。但是临时抽调的小组成员同时还担负着日常工作，不能长时间“离岗”。

我们也很难将节目发包。首先本地电视节目制作的社会化程度远远低于北京甚至上海。如果发包到北京公司，节目成本包括沟通成本都会成倍上升。另外，南方台跨国大制作的机会原本不多，不借机锻炼队伍，没有自己的制片人和监制，将来也很难迈出利用社会力量制作节目这一步。

更重要的是：采访雷石东的中国媒体，我们不是第一家，也不会是最后一家。从这个意义上说，雷石东是重大选题，但不是独家资源。要达到观众必看和传播最大化目标，只有PK创意，也就是说如何处理这一重大选题。

从6月到10月，从接到采访任务到实地拍摄，这个问题一直贯穿摄影组的工作中。在南方台N601会议室，甚至在首都机场候机厅，摄制组成员多次开会讨论、观摩样片，研究方案，检查落实。

2006年7月4日南方台向南方广播影视传媒集团上报了《关于制作大型系列纪录片<谁在改变世界：对话世界传媒巨头>及派员赴美采访默多克、雷石东等传媒领袖的请示》。对节目内容和形式，文件中有这样的阐述：

本大型纪录片拟采访世界传媒界有影响的12个人物，一共创作12集，每集45分钟（分上、下集）。第一批三个人物的采访，拟围绕以下话题：

A. 默多克曾经说过：“如果印刷科技的发展使《泰晤士报》比其实际诞生的1785年早100年，那么美国革命及其所引发的一切，都会大大提前发生。”在过去的世纪里，这些传媒领袖及其传媒帝国给我们带来了什么？又改变了什么？

B. 如果说权力正在从媒体的所有者和经营者手中转移到要求更高的新一代消费者手中，那么，面对21世界新媒体的挑战，传统媒体如何应付？这些传媒领袖又将怎样来改变我们的世界？

C. 广东是中国媒体改革的“试验田”，在新一轮的市场角逐中，三大世界传媒集团均已介入，几年来他们对中国市场感受如何？经验教训如何？今后的期望如何？

最终摄制组确定了“谁在改变世界”这一主题。

主题确定后，各项工作迅速有序地展开。摄制组确定节目形式时，先后观摹了《芭芭拉沃尔特斯访谈》、《华人纵横天下》、《CBS60分》以及《娱乐纵天下》等节目。团队成员还多次在台里的大办公室进行对机位、光位、拾音进行演练。

7月中旬，南方电视台网站设立了“来吧，对世界传媒巨头们提问”的页面，内容如下：

“和南方电视一起，与世界传媒巨头对话”

大型系列纪录片《谁在改变世界：对话世界传媒巨头》即将投入制作

来吧，对世界传媒巨头提问

南方广播影视传媒集团旗下的南方电视台8月份将派出摄制组专程赴美，专访世界传媒巨头雷石东、默多克和帕森斯，开始大型系列纪录片《谁在改变世界：对话世界传媒巨头》第一系列的采访和制作。

从现在开始到8月1日，南方电视向全球受众公开征集采访问题，也就是说通过TVS，人人可以就自己关心的问题与传媒巨头对话。

即使你还不了解雷石东，但你肯定看过或听说过《阿甘正传》、《泰坦尼克号》和《世界大战》吧？制作这些电影的派拉蒙公司是属于维亚康母的；歌星们常说“谢谢CCTV，谢谢MTV”。MTV全球音乐电视台也是属于维亚康母的；派拉蒙和MTV只是维亚康母众多公司中的两个，雷石东就是属于维亚康母的老板。

而默多克和帕森斯则分别掌控着新闻集团和时代华纳这两个传媒帝国。新闻集团属下的福克斯电视网拥有全美将近43%的观众，天空环球网络集团覆盖了欧洲和拉丁美洲的大部分地区；时代华纳同样是拥有包括电影制作与发行、广播电视网、图书与音像出版等不同行业实体的跨国传媒集团。

传媒巨头的影响力有时甚至超过真正的总统。

与他们对话的机会来了，请马上提问吧。

提问范围不限。但我们会更加关注以下几个方面的问题：

1. 传媒对人们生活的改变；

2. 媒体自身影响力的变化；

3. 三大传媒集团在中国；

4. 三位巨头对营销管理的经验和人生故事；

5. 以及其他你觉得有趣的问题。

我们将会制作出版相关电视节目、图书及DVD。你对这次采访有什么建议，也可以留言给我们。如果你的问题被选中，将有机会获得DVD及图书一套。

也许，你的问题会成图书的一部分，摆在巨头们办公室的书架上。

参加办法：网上留言

登陆南方电视台网站(WWW.TVSCN.COM)在相关窗口留下问题及你的EMAIL地址。

这是一个展示智慧、学识和趣味的机会，来提问吧。

这个页面得到了网友的迅速反馈，中英双语留言都有，包括剑桥发来的邮件。远在德国的中国留学生，也发来了邮件，并表示愿意尽自己的力量，为南方电视台采访贝塔斯曼的掌门人牵线搭桥。随意浏览提问的页面，参与者水平可见一斑。以下是部分摘录：

时间：2006-07-18 9：13：49 来自：172.16.9.216

姓名：徐晓芳

联系方法：136XXXXX552

所在单位：南大

问题：当代传媒对于政治动态，大众生活的影响力主要体现在哪些方面？

时间：2006-7-17 21：31：42 来自：202.116.64.201

姓名：Chunjia Yang

联系方法：138XXXXX549

所在单位：Student

问题：Dear Rupert Murdoch，you did a great job to assist Phoenix TV to be an influential TV studio in Chinese society， however， it also becomes to be your business rival to oqquipy Chinese market， so what do you think about that?

时间：2006-7-17 23:36:31 来自：219.136.194.58

姓名：朱雪

联系方法：37XXXXX3

所在单位：华中科技大学武昌分校

问题：请问传媒天才雷石东， 你曾经面临巨大挫折失败，甚至灾难，那么当你面临这些困难的时候有没有想过退缩?然后当一个平平凡凡的人，过平平静静的生活?

时间：2006-07-18 0：18：20 来自：123.49.209.91

姓名：陈妙秋

联系方法：135XXXXX184

所在单位：广东外语外贸大学

问题：帕森斯：既担任时代华纳的CEO，又政府的国家安全理事会常任理事，会不会导致其在媒体传播中对政府有所偏倚?

时间：2006-07-18 9：41：12 来自：172.16.8.181

姓名：赵丽萍

联系方法：136xxxxx524

所在单位：北京师范大学珠海分校

通用问题：

——您觉得哪一种媒体或哪一种形式最有市场潜力？将来的媒体发展将是一种什么样的形态？

——您如何看待中国的传媒市场？您认为它的前景如何？

——对于进入中国的传媒市场，您们的策略将是怎么样？

——媒体就像一张网罩着世界，这张网越来越密，罩得越来越紧，并且影响着地球上大部分人的生活和思考，您是如何看待媒体的影响力？您觉得作为一位媒体巨头对于世界和社会的发展应肩负什么责任？

——当初是什么样的机缘使您选择了媒体这一领域？在这过程中遇到最大的困难是什么？哪些经历对您影响很深？

——您认为对于一个媒体管理者而言，什么素质最重要？

——每个人在人生中都有很重要的人，那在您的人生什么人很重要或是影响您很深呢？

——中国媒体要走出去，国外媒体要走进来，在这样一种形势下，双方都各具优势，中外媒体将如何合作才能达到共赢？

——外国媒体进入中国，最大的问题是本土化，那是否会加大与地方媒体的合作来解决这方面的问题？

问题：默多克：——与中国的交情与合作已经有十多年，而且领域比较广泛，有媒体报道，这是您想进入中国市场的感情投入，您是怎么看的？

部分网友不光希望在经营理念、人生经验方面与传媒巨头展开对话，对传媒巨头的个人生活也表示出兴趣。对80高龄仍精力充沛的雷石东，问题甚至细到老人家几点起床。“作者：一万英尺高空的爱”还要求“帮忙问问默多克对娶到邓文迪有何感想？”

电视台制播节目，一方面在于提高收视率，通过增大市场份额实现社会效益；另一方面希望通过节目提升品牌影响力，积累无形资产。制作《世界的印记：雷石东和他和传媒帝国》这类节目，其目的更在对于高端观众进行品牌营销。从网友留言来看，这个目标已经实现了，虽然节目还未拍摄。

一个人通不过，整个团队都不能成行

美领馆正如那英歌里唱的：“你伤害了我，还一笑而过”，让排队等候签证的人心情复杂。

区念中面谈时特地对签证官交待：我们是一个采访团队。邓谦明和刘承还是被拒签了。

美国拒签是无数国人的伤疤。

输入“美国拒签”百度一下，不到十分之一秒就找到近71万篇相关文字。一位访美归来的博士说“签证的经历就像是一场噩梦，它让你的自尊最大限度地受辱，让你的体力最大程度地受考验。但凡有可能。没有任何人愿意再走进那个地方”。

北京时间2006年10月16日09：00，南方电视台赴美摄制组的六位成员站正在广州林和东路美国领馆台阶下，等待即将到来的考验。

两位荷枪警察神情肃穆地查验材料。团队包括：

由于准备充分，摄制组很快通过第一关，进入室内。

集团国际合作部侯胜宝陪同前来，此刻仍在为我打气：如果签证问到你上次拒签的事，你就实话实说。不怕的。

搬来天河之前，美领馆长驻沙面。沙面是与珠江北岸相连接的一个岛，鸦片战争之前，沙面是十三行存放货物的大仓库。1861年以后，沙面成为洋楼林立的外国租借区，至今沙面仍保留着很多欧式建筑。

改革开放以来，沙面多了许多西餐酒吧，供千里来寻

摄制组在时报广场维亚康母公司大厦 Times Square，New York，2006

故地的外国友人享受闲适，也欢迎同胞。店堂里华洋杂处，一派共存共荣景象。唯独美领馆高墙铁网，令趋近之人形体改变，让人感到那是精神或肉体的一块禁区。

2004年，我和另一队同事受邀乘邮轮沿北美海岸线进行拍摄，签证就在沙面。团队中有两位未婚男青年。一位首次出国，谈了不到5分钟，签证官就塞了一张“白纸”打发出来。另一位，几乎在接过材料的同时，签证官就把手伸向那种白色的拒绝签证的单子。

与签证官谈过之后，我拿到的是一张“蓝纸”，意思是：情况待查，通过了我们会给你打电话。

出于成本、安全等多方面考虑，电视台赴海外摄制组总是采用小而精的队伍建制，队员往往身兼多职。也是就说，一个人通不过，整个团队都不能成行。换人或等被拒的人重新来过，重新来过还不知道会不会再次被拒；自行承担预订机票酒店的费用损失之外，所有与被访对象确定的日程都也要重新再约。

在西方，人们更习惯提前约会。今天发个邮件，约定一年后某日法兰克福机场几号门不见不散，不用再次确认，按时去了，人家肯定在那儿等着呢。

干掉一个，等于全体受死。从此我那护照上就留下了疑点。

美领馆正如那英歌里唱的：“你伤害了我，还一笑而过，”让排队等候签证的人心情复杂。

历史的经验值得注意。在2006赴美团队中，资深摄像邓谦明长发秀目、鼻梁高度超英赶美，新扎师兄刘承英语科班、中西兼通，二人“王老五级别”直逼钻石。签证日一早，刘承还专门到银行打印了存折，以示工作正当收入稳定。

签证的“单身歧视”会重演吗？

宽衣，解带，脱鞋，过X光机，包括手机在内的随身物品也不得带入。这些规定动作令人不快，想想此举意在震慑或许还可以查出一些心存不轨的坏分子，同时在一定程度是提高了赴美人员的安全系数，做也做了。

过了这关，只差面谈一关了。

队员们的信心来自以下几个方面：我们有正当理由：摄制组代表南方广播影视传媒集团赴美拍摄；邀请者是传媒大亨、维亚康母的老板萨默·雷石东。谁是雷石东？抱着四两棉花纺（访）一纺（访），美国签证馆如果连雷石东都不知道，你怀疑我的赴美目的，我还怀疑你的上岗资格呢。为避免意外，集团负责人还专门与美领馆熟悉的文化官员进行了前期接触。这个项目无疑对提高中国人民对美国传媒及美国文化的认知有利，官员已经欣然允诺。

6个人交表，留指纹。

等着，站着等，坐着等，接着等。

当天值班的签证官是两男一女。女士高鼻深目，金发碧眼，看上去比“疯狂主妇”（美剧《Desperate Housewives》）们年轻，中文语流顺畅，态度温和，吐字清晰，说“对不起，今天我不能给你签证”加上音箱效果，10米以外等候区的人们都能听的一清二楚。男士们一位稍胖；另一位个子不高，带着当铺伙计式的笑容。

历经被动选择，离开签证窗口的人们，带着不同的神色。

侯胜宝一直等在警卫区外。多年的外事工作让他“惯看秋月春风”，深知签证游戏并无规则可循，有时全看签证官的心情。给了不奇怪、不给不意外。某人签证办了多次被拒绝，不断让他补材料，补完材料再拒绝，最后一次此公已经心情很差、气急败坏了。签证官把他的材料甩出来，他再甩回去，两次以后签证官告诉他，你办了几次签证，材料没什么变化。此公回答：我没变化，你可以变啊。签证官想了一下，然后收了材料，给了签证。

12点以后，摄制组终于出了签证厅。侯胜宝迎上来问：“怎么样？”

“我通过了。”薄义群有威斯敏斯特大学硕士学位，过关了。曾留学英国的黄天文也过了关。区念中面谈时特地对签证官交待：我们是一个采访团队。邓谦明和刘承还是被拒签了。

中国传媒大学欧洲传媒研究中心的刘昶博士曾到南方台讲课。刘博士被问到，点解（为什么）多见美国传媒进军中国，少有中法合作的传媒项目？与法国媒体打过多年交道的刘昶说，自己不止一次遇到这种情况：当你提出一个很有市场前景的中国项目时，对方的反映是，好吧，让我们帮助中国做这个。没说出或者干脆出说来的意思是，我们已经足够好了，我们自己并不需要。对中国的发展与现状，生活在“话语权国家”的人们并不了解，也不感兴趣。

信息不对称，让双方没有合作的前提。

多年商海沉浮的雷石东却深知合作是相互的，试水中国市场10年更让他冷暖自知。眼见老对手的频道纷纷在中国合法落地，号称对“耐心”二字最没耐心的雷石东却一直不急不燥，稳扎稳打，终于得偿所愿。

DISCOVER CARD
there was a credit card that put you in the driver's seat?
at&t
GM
100,000 MILE WARRANTY
5-YEAR POWERTRAIN
1500
News Corporation
Panasonic
YOU'RE
MATCH
SQUARE ALLIANCE
NYC.ORG
Panasonic
POLIC
THE UNUSUAL

摄制组从美领馆回台路上，没有眼泪没有悲伤。众人再次认为雷石东的成功，取决于他的战略眼光。

第二天，李亦非揭开了拒签内幕。

美国签证种类复杂。我们不归入A、F、H、J、K、L、M各类，也不是短期商务访问B1类，因为美国旅游未对中国开放，短期旅游B2类一般中国人也拿不到。赴美采访是没听说过的一类，美领馆说他们做不了主，要华盛顿说了算。

更大的问题是，摄制组的材料里有一封雷石东亲笔签名的邀请信。领事馆发现打错一个字母，心存疑问。打电话到MTV纽约总部查证，越问越疑，三个接电话的人都不知道这事。信是从洛杉矶雷石东家里发出的，公司最高领导人的日程也不用逐一通知下级，纽约没人知道这件事！这样，邓谦明和刘承就成了两个被捏的“软柿子”。

李亦非在电话里跟总领事解释：此举意在宣传美国等等；雷石东的助手卡洛又向总领事电话解释。摄制组总算一个不少拿到了签证。

一夜之间乾坤倒转，这样大起大落的情节国产电视剧也编不出来。国产影视剧创作中抗战是长期有效的题材。虽然抗战结束60多年，有些官司还在打。可是内容一旦涉及中美关系，创作者只有无能为力的份儿。

出发的前一天，摄制组收到了雷石东的第二封邀请信，供入境使用。因为信封上印着Sumner Redstone to HuangTianWen，黄天文把信的原件连同快递信封一起保留起来说：这是一件独一无二的纪念品，价值不在那些“奥运珍藏”之下。

这点小事哪用牺牲色相？

胶着中，只见薄义群微笑着贴近柜台，让自己和黑人美女间保持着看似私人空间实未突破公共界限的暧昧距离，柔声低语。

2006年10月24日18：00，摄制组从南方电视台出发，赶赴白云机场。

前期筹备时，南方台考虑过多种制作方案，台的技术部门针对不同几种方案拟定了不同的设备保障计划。摄制组也曾联系美国电视制作机构，了解租用设备的可能性。反馈情况并不理想，可租，价高，

在时报广场拍摄 Times Square, New York, 2006

使用时间和区域有限；设备用起来未必像自己家的那么顺手，说不定还“欺生”，需要时也不一定能得到技术支持。自带还是最好的选择。

首先保证了节目拍摄需要。摄制组的装备拿到美国这个电视制作大国也不丢人。计有箱包两个、分装松下、佳能摄像机；硬塑大桶两个、内装三角架；专为此行添置的两箱镝灯国庆节后才从美国运到广州，不到一个月又跟着队伍回了美国老家；另有吊杆话筒一箱。掌中宝及相机随身携带，每人一件私人行李中，还分装着几十盒不同型号的磁带及给被访对象的礼品。为了便于在机场、酒店和拍摄地点之间运输，摄制组还带了一辆手推车。

航空公司的政策是总量控制。超一件，罚一千。临时把两个大桶打成一包，DVCPRO的脚架不托运随身带着，才没有超。

不光多，也太重。机箱灯箱全是铁皮铆钉包着橡胶软垫，分量比里面装的设备轻不了多少。普通的柜台传送带“压坏了”，转到超大行李处。

又说机箱里有电池，要拿出来重新打包。台办公室派来“送你离开千里之外”的三人，即与机场方面斡旋。

到达洛杉矶后，机场报关。当值官员问入境设备是不是还要拿回中国，摄制组回答肯定，官员看也不看就放行了。

沿途无话，只有在美国东海岸拍完返回西海岸时，遇上了麻烦。为了不超标，摄制组在机场重新装箱，箱内的电池、充电器都拿出来了，总重还是多了那么一两磅。柜台后黑美人摆出了只有工作原则不见灵活掌握的表情。胶着中，只见薄义群微笑着贴近柜台，让自己和黑人美女间保持着看似私人空间实未突破公共界限的暧昧距离，柔声低语，说了些啥别人也听不清楚。

主持人的牺牲精神令同行弟兄们大为感动。论相貌，薄义群不让黄健翔；论阅历，薄义群也曾服务凤凰卫视、进出各国机场；此时挺身而出相信必收奇效。黑美人仍是拒腐蚀、永不沾的态度，一点儿没有中美男计的意思，再称，机箱却莫名其妙地轻了。

镜头一转，急匆匆众人离开柜台步入安检门。走在前头的薄义群说：“我把机箱往外拖，这边用腿顶着，磅称上根本不是全部重量……这点小事哪用牺牲色相？呵呵呵、呵呵呵。”

白云机场，安检。再次脱鞋解皮带，电脑摄像机还要拿出来单独过一遍X光机。所有液体或膏状物，不管你是水还是化妆品，凡是装在瓶中的一律不准带上飞机，美国标准如此，入境美国的边检当然如此。一位女士与安检人员沟通了半天，忍痛将新买来的蓝蔻扔进了垃圾桶。旁边老公还在埋怨：叫你不要买，你非得买；叫你不要带，你非得带……

过了安检，距离起飞只差20分钟。拦最后一班电瓶车、顺利登了上广州飞往洛杉矶的国际航班。

窗外夜幕笼罩、灯影昏黄。我以为很有京剧《沙桥饯别》的意境，余派：

“提龙笔写牒文大唐国号，

孤御弟唐三藏替孤代劳。

各国内众蛮王休要阻道，

到西天取了经即便还朝……

一觉醒来，已在太平洋上空。机舱内半明半暗，但见：男宾迷离眼，女客宿妆残，有人辗转不能寐，有人悠然梦阳关。

队员们全部是中间的座位，前排屏幕很小。全程只有一部电影循环播了四遍。

薄义群拿出打印成本的采访问题和相关资料。十个小时的长途飞行让人倍感困顿，眼神陷入暇思和迷茫，他仍然把前排座位当成雷石东，口中念念有词。

在哈佛商学院采访约瑟夫·鲍尔教授 Harvard University, Boston, 2006

维亚康母的帝国春秋

维亚康母公司（Viacom Inc.）是目前全球最大的传媒娱乐集团之一，名列世界500强，在国际媒体市场的每一个领域都占有举足轻重的地位。维亚康母公司涉足电影、电视、出版及与娱乐相关的诸多业务，是全球传媒娱乐界最主要的内容生产商之一。

维亚康母公司源于1954年雷石东继承的家族企业东北影院公司，这是一家偏居麻省一隅的汽车影院连锁店。经过30多年的经营，雷石东把它变成了全美最大的一家连锁影院，并重新命名为国家娱乐有限公司。此时，作为一位60多岁的成功商人，雷石东已经积累了5亿多美元的财富，完全可以选择退休，然而他却选择了第二次创业，用自己的全部身家作为赌注于1987年收购了维亚康母公司。从此开始了他建立一个传媒王国的征程。

1994年，雷石东以106亿美元把派拉蒙电影公司收归旗下，进一步夯实了维亚康母作为娱乐业霸主的地位，并使维亚康母进入了世界传媒集团的第一梯队。

1999年，已跻身全球5大传媒集团的维亚康母公司以397亿美元收购了美国三大电视网之一的哥伦比亚广播公司(CBS)。对CBS的收购使维亚康母将成为“世界上最大、最重要而且最好的传媒集团”，旗下拥有哥伦比亚广播公司(CBS)、MTV全球电视网、Nickelodeon尼克儿童频道、派拉蒙电影公司、派拉蒙电视、派拉蒙主题公园、Showtime 电影频道、西蒙出版公司、19家电视台及1300家电影院。其中，MTV音乐全球音乐电视台已从美国本土延伸到世界各地，包括拉丁美洲、亚洲、欧洲和澳洲等地，覆盖了全球166个国家和地区的近4亿家庭用户，一跃成为全球最大的电视网络、全球音乐电视台。2003年，维亚康母市值已经达到８００多亿美元，成为全球最大的传媒公司。

在出版领域，维亚康母公司拥有著名的西蒙出版公司。它以出版文学创作作品、生活用书、儿童读物、新兴媒体出版物为主，而它出版的多部作品曾经获得过美国普立策大奖，仅仅在2001年，它便有99部著作登上了《纽约时报》的畅销书排行榜，其中14 部登上了排行榜首位。

雷石东从收购维亚康母开始，历时17年，终于建立起了一个全球性的媒体王国。在经过了三次大的收购兼并之后，雷石东又改变了经营策略。2005年底，他将维亚康母公司分拆成CBS和新维亚康母两家独立上市的公司，并拥有两家公司的绝对控股权。

在公司分拆之后，雷石东也从CEO的位置上退了下来，但是他的脚步并没有停下，2003年4月，经国家广电总局批准，MTV中国频道正式落地广东省，成为第一支落地中国内地的国际电视品牌。

和午餐盒，也有漫画书和张贴画等。有什么是真正改变了的吗？难道这不是所谓大众传媒的一个标准模式吗？”问得好！只要稍事回顾，我们就会发现，其实传媒之间是一直相互关联的。不过，21世纪初所发生的一切还是代表了一种主要变化。15年来，不同大众传媒产业间相互交织，各类题材在各种媒体间快速转换，这种快速变化对任何一家媒体公司的财务状况保持健康都变得至关重要。

传媒公司管理层把媒体分化和观众分流视为他们所面临的一种特殊挑战，这种挑战促使制作公司把产品卖给不同传播媒介，以此来获利，而数字化、集团化和全球化，则成为他们眼中的法宝，一是用来解决跨媒体传播中出现的种种困难，二是用来进一步扩大利润。

媒体分化

媒体分化这一概念，是指在过去20年中，大众传播媒介和传媒公司的数量一直在持续增加。30年来，透过有线电视、无线电视、录像、电脑、电话营销、DVD影碟、户外媒体和互联网等媒介的发展，我们看到了大众传媒的高速发展。伴随着这些媒介的出现，传媒公司的数量也在持续增加。在美国，媒体资源的数量和类别都有了飞速发展，目前，美国已有上百个有线电视网络、众多独立电视台和数以千万计的电脑和网络用户。

这个进程还在继续。高层对传媒的理解，产生了一个直接的影响，即传媒公司一直在努力开辟更多的渠道，以便在尽可能大的范围内传播新闻、信息、广告和娱乐资讯。对于那些历史悠久的公司来说，传媒业的飞速变化成为管理层最大的挑战。

受众流失

在这些挑战中，影响最深远的是受众流失。受众流失是指某一类特定媒介（如报业）或某一家具体公司（如某份报刊）的受众人数的下降。严格来说，很多原因都可能造成受众流失。读者不买杂志，可能是因为他们不再喜欢杂志所刊登的小说故事，也可能是因为杂志提高了发行价格。同样，电视台也会因为自身节目竞争力不够而流失部分观众。

大部分传媒公司的管理层都会探讨观众流失的问题，他们认为这种流失是媒体分化导致的。新媒介和传媒公司的大量涌现，给人们提供了更多的渠道来获取新闻、娱乐、消息和教育等资讯，这也直接导致了很多媒体及传媒公司顾客的流失。

杂志类的读者和收音机听众的大量流失在20世纪80年代前就开始了，其直接原因是20世纪40年代商业电视，对于中波电台来讲在60年代受到了调频广播的冲击。电影制作公司也注意到尽管美国人口数量在不断增加，但票房却一直不景气。

20世纪80年代以来，传媒界和广告商就一直感觉到各类媒体的受众流失速度在加快。造成这种变化的原因是电视观众的急剧分散。根据尼尔森公司的数据显示，20世纪40年代末到80年代初，美国ABC，CBS和NBC三家无线电视台在晚上黄金时间总共吸引了90%的观众。换句话说，这90%的电视观众全都转向了这三家电视台。到2000年中期，这三家电视公司“共享”的收视率已经降到了51%左右，下降率达到了54%。根据尼尔森的统计数据，这部分流失的观众，大约有13%转向了福克斯公司，其他的则转向如CW和UNinivison这类规模较小较新的公司，或者有线电视、DVD影碟和电脑游戏。

今天，对于很多媒体公司的管理层来说，他们的目标已经不是尽量吸引和抓住“每一个人”，而是要明确和保住自己的“利基”顾客群——培养受众中某一特定群体的忠诚度，并确保他们能够在分化的媒体产业的激烈竞争中不流失。当然，这对于不仅电子媒体公司，也包括很多电台、杂志、出版社、报纸和电影公司等都适用。

媒体的分化和受众的流失促使传媒公司的管理者开始更多地关注顾客的需求，关注受众分流问题。

跨媒体传播

传统意义上来讲，大众传媒是指报刊、书籍、广播、电台、唱片等彼此独立的媒体，若在几十年前，这种看法是完全没问题的，但在今天，情况却发生了很大的变化，媒体间的界限已经基本上模糊不清了。

管理层已经习惯了制作能应用于不同媒介的产品。比如说报业集团，已经在逐渐转移记者及其工作职能，把其扩展到有线电视、无线电视、电脑软件和互联网等领域。“电影”人也清楚，要清楚划分电影的行业范围或者其他媒体的行业范围，已经变得越来困难了。现代电影公司通过合作的方式，把他们的作品推广到影院以外更多的媒介上，比如无线电视台、有线电视台、家庭影碟、卫星电视、玩具、书籍、唱片等等，实现产品的跨媒体传播。

不过，到底何谓“跨媒体传播”呢？简单来说，它是指制作可以较好地应用到各类不同媒介的作品。以《魔法奇缘》为例，迪士尼公司投入大量资金来拍摄和推广，并于2007年夏天在全美影院公映，但迪士尼并不志只在于此，影院公映只是他们市场推广的第一步，他们的目标是将其发行到更多的媒介上，比如酒店内的付费电视、DVD影碟、录影带、付费有线电视（如HBO），以及无线电视频道播出，当然，是在迪士尼自己的ABC电视台播放。

这个例子说明，所谓跨媒体，有时仅仅是指把同一件作品在不同的媒介上发布。不过，为了满足受众的要求和媒介播放要求，对作品进行一定的修改和转换还是时有发生的。《魔法奇缘》的音乐CD就是一个很好的例子，此外，我们还可以看到书本版的《魔法奇缘》（总共有三个版本，满足不同年龄段读者需要），及以《魔法奇缘》为蓝本的电脑游戏和网站。

跨媒体传播主要是基于两个目的：一是降低成本和扩大收益，二是让自己的目标受众能在不同媒介知道这个产品的存在。市场总监认为这样可以取得良好的“关注度”份额。

1）跨媒体传播原因之一：降低投资成本

在不久之前的一段时间里，传媒公司可以在专注于单一媒介的情况下做到收支平衡。比如，面向大众的出版商可以出版流行小说家的作品，并通过出版精装本来赚取可观的利润。即使那些经常斥巨资拍摄的主要电影公司，也承认他们可以令电影在美公映阶段就收回成本，而在美国之外其他地方公映的收益和电视收益，则属于纯利润。

现在，大多传媒公司都不再通过单一的媒介来赚钱了，因为现在制作成本太高了。就拿出版业来说，著名作家经常游刃于出版商之间，通过轮番的讨价还价，为自己的书稿争取数以百万美元计的稿酬预付款。而在电影业，一方面，导演和影星的酬金可以高达2000多万美元，另一方面，市场推广也将花费巨额资金，这使得美国境内的票房收入基本上不能给电影投资带来什么盈利。

解决这一问题的一个通行做法是尽量通过跨媒体传播来提高收益，所以，不同的传媒行业都在各显神通，通过各种方式来应对这一挑战。

2）跨媒体传播原因之二：取得良好的关注度份额

一个传媒产品要想获得成功，就要让目标受众了解产品，思考产品。营销人员把取得良好的关注度份额定义为：就是让目标受众中的相当一部分人能够思考这个产品。可以设想，如果一个传媒公司把它的产品在不同的媒介载体传播，结果会怎么样呢？很明显，相对于只投放到单一媒介，更多人会注意到它的存在，并获得更多的关注机会。这种曝光率对对营销当然大有帮助。其中的道理很简单：如果你看到一部电影在多家影院上映，那么，即使你不去电影院购票观看，那你也可能会通过其他渠道付费观看它，比如说家庭影碟或者付费电视。

但是要取得良好的关注度份额，即让目标受众中相当一部分人知道这个作品的存在，需要做的很多，不仅仅是让人们在不同的媒介上都能看到你的产品。在这么一个分化严重、竞争激烈的媒体环境下，媒体管理者已经明白，要想让人们花钱进电影院、观看电视或者买一本书或杂志，那么，就要尽可能地使用一切可以采用的传播媒介来向目标群体进行宣传。这就是为什么我们经常会在电影上映前，看到影片的明星在早上和深夜的脱口秀节目中及名流晚会上频频出现。此外，这些明星还被搬上各类电影杂志的封面，而这些杂志正是服务于自己电影目标观众的。这类宣传手法在新拍大片的宣传中已经屡见不鲜。

在过去几十年中，大众传媒的经营和管理者已经意识到他们必须采取各种各样的传媒手段来做广告和开展公关活动，好让目标顾客群认识他们的产品。这类活动包括传统的广告和公关活动，即在电视上进行商业宣传，或者在Entertainment Tonight的节目中讨论自己的电影。不过现在，大众传媒的生产主管和销售主管做的远不止这些，他们还会利用创意产权的授权行为来推广他们的传媒产品，同时还可以获取额外利润。

这种例子有很多，如卡通哈利·波特、星球大战运动衫、史莱克午餐盒等。在传媒人看来，这些物品不仅仅是好玩的东西，更重要的是它们可以提高人们对电影的兴趣，使人们继续走进电影院观看《星球大战》续集，或者购买相关的书籍、影碟和有线电视服务。传媒界喜欢用“品牌”这个词来描述他们的产品，比如“南方公园“、“美国偶像”及“60分钟时事杂志”等。通过这种方式，给目标观众提供了一个清晰的品牌形象，以吸引他们能持续观看节目。而且，通过适当的宣传方式和推陈出新，开发一些新产品，可以有效地延长一个著名品牌的生命力。这种策略有效地提高了产品对公司的贡献能力。

除了产品本身，“品牌”还可以指传媒公司。很多传媒集团，如时尚传媒、MTV和派拉蒙公司，都向广告商和顾客强调，他们的品牌不仅仅是指一本杂志（如《时尚》）、一个电视频道（如MTV）或一个电影公司（如”梦工厂“），而是代表了一种个性、一种内涵、一个群体。不管品牌在哪里出现，都是这种情况。也就是说，不管“时尚”是出现在杂志上、书本上，抑或电视上，它都代表着“时尚”这个品牌。MTV的品牌形象则横跨电视、服装、书本和音乐等媒介。媒体高层相信，这种跨媒体的品牌宣传有助于留住现有的广告客户和观众，同时，还可以在新的媒介上发展新的客户。

全球化

面对媒体分化、观众流失、以及通过跨媒体传播来增加收益的需求，为了解决资金问题，美国的生产和营销主管已经把目光转移到了海外，投向了全球市场。

这并不是说美国传媒界一直以来都忽视了美国以外的市场，恰恰相反，美国所有的媒体包括电影、唱片、广播、电视、书报、杂志等长期以来都或多或少地把他们的产品推向世界各地。不过在整个20世纪的前3/4的时间里，“走向世界”仅仅是指把已经在美国本土获利的一些产品推向世界其他地方，以赚取额外的利润。

今天，人们对美国境外的市场已经有了新的看法。其逻辑是：媒体分化和观众流失已经使产品推广难以在美国本土达到令人满意的目标了，而利用观众分流的机会来吸引广告商和培育顾客忠诚度也反过来不可避免地减少了顾客的数量。这样，全球顾客无疑就成为了扩大受众群体的有效途径。

其他国家应该成为美国大众传媒产品的初级市场的一部分，而非仅仅是赚取额外收益的地方。即使面临观众流失的困境，这个潜在市场还是非常大的，而且目前世界的人口数量也让传媒公司拥有了前所未有的目标受众源。

对此，媒体评论家提出了两个凸显的问题：一、谁能肯定其他国家的观众会与美国观众兴趣一致或相似？二、难道那些像欧洲、亚洲和拉丁美洲一样具有较强经济实力的地区，没有自己的传媒公司，或制作出满足本土观众兴趣的节目吗？

要回答这两个问题，我们首先应该知道，绝大部分的美国传媒业的核心业务都已经高度全球化了。过去25年来，由于全球市场已经变得无比重要，所以很多建在其他国家的主要传媒公司都购买美国重要传媒公司的股份。如下表所示，总部在日本的索尼公司拥有了哥伦比亚公司和索尼音乐的所有权，Rockstar，一个主要的游戏公司（“侠盗猎车”系列是他们生产的产品之一），总部则设在英国。德国的贝塔斯曼集团（Bertelsmann）则拥有Random House和Doubleday两家出版公司。

美国大众传媒所有权的全球性

Bertelsmann

(Germany)

Books: Selected U.S. Holdings

- Random House
- Doubleday
- BantamDell
- Ballantine
- Crown Publishing Group
- Fodor's
- Knopf

Magazines: Selected U.S. Holdings

- American Homestyle
- Family Circle
- Fast Company
- Inc.
- McCall's
- Parents
- YM

Music: Selected U.S. Holdings

- Arista Records
- RCA Records
- BMG Music
- Bad Boy Records
- LaFace Records
- Windham Hill Group

Multimedia: Selected U.S. Holdings

- Barnes&Noble.com
- Cdnow.com
- Lycos
- BMG Direct
- Tripod

SONY

(Japan)

TV and Film: Selected U.S. Holdings

- Sony Pictures Entertainment
- Sony Pictures Classics
- Columbia Pictures
- TriStar Pictures
- Columbia TriStar
- Columbia TriStar Home Entertainment
- The Game Show Network
- Jim Henson Productions
- Mandalay Entertainment

Music: Selected U.S. Holdings

- Columbia Records
- Epic Records Group
- Sony Classical
- Legacy
- Nashville
- Sony Wonder
- Sony Music Video (SMV)
- Word Entertainment
- Columbia House

Multimedia: Selected U.S. Holdings

- Sony Online
- Sony PlayStation
- The Station@sony.com
- Columbia TriStar Interactive

1）世界范围受众的兴趣与美国受众的兴趣

思考第一个问题，也就是寻找与美国观众有类似兴趣的观众群。音像公司已经明白，他们不能理所当然地认为全世界人民都和美国人有相同的兴趣。即使在同一个国家，不同地方对音乐的兴趣常常有很大的区别，更不用说在世界范围内的差异。但是生产CD或者通过iTunes发行电子版音乐的成本相对较低，因此，在同一个国家里，根据观众群进行生产发行往往利润颇丰。所以其结果就是即便最大的公司也会分成不同的子公司，各子公司负责不同的国家，为总公司赚取利润。同时，这些子公司的管理者还在不断寻找那些有潜力在全球获得成功的音乐家或节目。

想想有线电视节目MTV的例子。作为维亚康母的子公司，MTV声称是“全球年青人的多媒体品牌领导者”，在全球164个国家和地区拥有频道。MTV不仅有美国分部，还有设有非洲、巴西、加拿大、中国、欧洲、德国、印度、意大利、日本、韩国、拉美、俄罗斯、东南亚、英国/爱尔兰分部。MTV估计目前全球大概有4.19亿万电视用户能够以不同形式观看到MTV的节目。MTV还把全国性的、地区性和国际性的艺术家的节目混合编排，同时还融入了本土制作的节目和全球共享的节目，以使自己的频道适应当地的文化兴趣。例如，MTV的非洲子公司，名为MTV基地，播放最少30%的非洲音乐内容，这些内容来自非洲各地，每小时最少播出4~6个非洲音乐节目。音乐类型除了全球流行的雷鬼音乐、嘻哈音乐、R&B音乐和新灵魂音乐，还包括很多非洲本土音乐类型。

长期以来，美国电影业的做法则大为不同。主要的制片商和发行商不会针对不同国家制作不同的电影，而是积极地寻找能够在世界各地都成功的主题、情节和演员。电影产业管理者认为要让电影在全球取得成功，这往往意味着动作电影的特效成本投入要高、有国际巨星如施瓦辛格或成龙加盟，而且电影对白要少，因此观众不需要懂英语，甚至不需要看字幕，也能看懂影片。广告业则涵盖了从全球到地区、再到当地等一系列定位不同的广告策划。对于电视产业，制片人、发行商一般会将美国制作的节目在国外销售。销售收入常常用于填补美国电视网络支付的播放费和制作节目成本之间的差额。例如，2006年在美国，有一部新制作的电视剧，平均成本为每集275万美元，而美国电视网给制作公司每集支付了150万美元，那么，海外销售的收入便填补两者的差额。小制作公司，特别是制作有线电视节目的公司，为了获取足够的制作经费，他们不得不考虑同时把节目卖给有线电视、卫星电视和开路电视，其中有些是美国的，有些不是。同时，有些想把自己的品牌推广到其他国家的美国有线电视网的管理者已经开始调整自己的节目和语言，这要根据他想要推广的国家而定。

2）本土媒体机构和全球媒体机构

主要的美国媒体机构，在世界各国发行其美国产品的同时，也清醒地认识到，他们在别国发行产品引起了其他国家当地媒体制作机构的不满。这些机构担心，本地电影的票房会给好莱坞影片全部抢去。

而这些美国媒体机构的高层则担心，这种不满会导致当地出台法律，限制上映美国制作的影片，或者禁止其建多厅电影院。但是他们也看到了国际政治的另一侧面。一些国家的税法使在当地制作电影比起在美国制作成本低得多。如果美国公司在那些国家有制作伙伴，并在当地制作电影，那么便能得到部分税收的好处。

由于这些担心和机遇，一些以美国为基地的大的电影公司如华纳兄弟和哥伦比亚电影公司都已经开始投资制作专门针对某个地区的电影，如法国和印度。这些电影很有可能在当地获得利润，但是可能不太让美国观众感兴趣。另外，几大美国电影公司比以往都更多地参与国际合作拍片。合作拍片是两家公司共同出资拍摄影片。两家公司会分担成本，可能还会分担发行责任，也会分享利润。

除了合作拍片，这些大电影公司还比过去更多地热衷于引进发行。引进发行是指电影不是由这些大电影公司制作、但是这些大电影公司同意在美国或其他国家发行。引进发行片数量的增加，意味着这些大电影公司同意发行越来越多在美国境外制作、非美国演员出演的影片。

对大众传媒公司的高层而言，他们的全球经营活动的目标，在于通过确保控制尽可能多的发行和上映渠道、获得尽可能多的观众，以降低失败的风险。正如我们所看到的，这也是他们在美国国内经营活动的目标。但是，这个目标给制作公司带来了一个关键问题：如果竞争对手控制了美国国内或世界范围的发行和上映渠道，这个竞争对手又不愿意发行他们的产品，那么会有什么后果呢？对这种困境的担忧引发了下一个发展潮流：企业集团化。

集团化

集团公司是拥有不同行业里的许多不同公司的公司集团，而大众传媒集团则是拥有不同媒介的传媒公司的集团公司。大众传媒集团并非新鲜事物，新鲜的是这些企业领导对企业采取的做法。

20世纪80年代以前，传媒集团的管理者一般不要求企业旗下的各公司进行合作。对这些管理者而言，同时拥有杂志、电视台、唱片公司等等的价值在于每个公司能够各自为母公司赚取利润。但是，即使在那个时候也有例外。早在20世纪50年代，沃尔特·迪士尼在他的电视和主题公园公司使用他的电影。动画片《白雪公主》同时出现在电影院和《迪士尼》电视系列片里。电视系列片的名字推广了“迪士尼”主题公园，该主题公园又继续以许多形式宣传了《白雪公主》和其他迪士尼电影及人物——玩偶、海报以及其他商品。但是接下来的几十年里，迪士尼精心的跨子公司操作鲜有效仿者。

由于种种原因，情况在20世纪80年代发生了变化。其中一个原因是，传媒公司的高层和投资者都着迷于当时袭卷美国的企业并购狂潮。另一个企业合并高潮是在20世纪90年代中期，时代与华纳合并，然后美国在线与时代华纳合并，20世纪福克斯和新闻集团合并，索尼和哥伦比亚合并，迪士尼和ABC合并，CBS和维亚康母合并，都是数十亿的合并案，当时合并还没完成，便已经引发了许多疑问。

这些交易的完成需要为贷款支付巨额利息，值得吗？

这些交易支付了巨额费用给律师和投资银行，值得吗?

组建新公司花费了巨额金钱、付出了巨大努力，这些又能给公司带来什么以证明是值得的呢?

在回应那些有时候喜欢质疑的华尔街投资者时，这些公司的主要管理者认为如果他们的公司要在下个世纪继续保持领军地位，传媒产业的发展要求他们不得不同时在几个大众传媒领域占有一席之地。他们的观点大致如下:

随着新旧传媒渠道的碎片化日益形成，既有媒体的受众必将流失。同时，制作成本的提高要求制作公司能够在不同的传媒产业里，通过一系列赞助和非赞助的途径，将那部分成本赚回来。为了争取公众对内容的关注，也需要进行跨媒体的展示和发行。这种展示和发行增加了公众对内容的关注，能够吸引目标观众走进电影院，观看视频、电视，阅读书籍、杂志，浏览网站，或者去主题公园，使得节目资源得以充分使用。

传媒公司面临的危险是其竞争对手不让它使用赚取收入所需的发行和上映渠道。不错，我们可以通过与其他公司签订协议，在允许他们使用我们的渠道的条件下使用他们的渠道。然而一个公司在新的传媒界的命运将最终取决于它是否独自或与其他公司共同拥有赢得观众所需的发行和上映渠道。也许全球有10~15家企业将有能力取得这种优势，我们想成为其中的一家。

正如这段假想的说辞所暗示的，大众传媒集团的高层认为要成为下世纪的领导者，他们必须采用大胆的做法，必须超越仅仅鼓励子公司独立获利的传统思维。

记得我们用过“垂直整合”的说法来描述企业从内容生产到发行和上映全程控制媒体产品。现在，垂直整合在电视行业是合法的，在某个程度上，在电影业也是合法的。在垂直整合尚未合法化的情况下（例如电影业和广播电视业以前的情况），一些传媒企业已经设法控制了三个阶段中的两个——生产和/或发行和/或上映——以保证行业影响力。

现在，除了尽可能多的垂直整合以外，传媒集团领导还极力主张“水平整合”。“水平整合”包含两方面。首先，拥有多个传媒业里的几家、甚至可能是相互竞争的企业的生产设备、发行渠道和/或上映渠道；其次，将各部分整合在一起，使各部分能够通过其他部分的专长获利。

数字化融合

融合的意思是融在一起。数字化融合是指利用计算机技术，让不同的媒体共享相同或相近的节目资源。数字化融合是一个显著的进步，正在改变媒体企业运作以及观众使用媒体的方式。同时，也在鼓励和加速媒体间界限的模糊，并加速了传媒集团将媒体节目资源跨媒体使用的发展。在这个进程当中，数字化融合引起了公众争议，使政府官员和企业重新思考他们的社会媒体模式。

一提起数字化，人们首先想到的便是计算机的用语。

计算机用数字0和1来实现其功能。当然，计算机程序员已经学会如何利用这些数字实现数目惊人的各种可能性。今天，计算机已经成为工业社会中人们生活不可缺少的部分。无论你去银行办事，还是到超市购物，或者仅仅是开着自己的车，你都会接触到某种形式的计算机。

过去20年里，各个传媒业都发现了利用计算机进行产品制作的高效率。图书、杂志和报纸出版商经常使用计算机进行文字制作和版式设计，以及印制成品。电影和电视节目的制作中，计算机的使用也相当普遍，包括用于制作字幕、编辑以及特效处理。虽然大部分黄金时段电视节目以及电影院上映影片的摄制仍然使用胶片，导演和摄影师都越来越多地转向使用数码摄影机。当然，数码剧照摄影已经成为室外广告（即广告牌）业的重要组成部分，制作人员利用计算机制作墙面海报和巴士车身广告，这些广告在全国各地随处可见。

同样重要的是，计算机也用于传统大众传媒产品的发行和展示。长期以来，《纽约时报》和《华尔街日报》向美国各地的印刷厂发送报纸的电子版，让印刷厂印出报纸在当地发行。公关公司通过发送电子邮件、在网站上发布视频，与新闻界和其他媒体交流。音像公司在诸如iTunes，Rhapsody和Napster的展示平台，发布他们最新音乐作品的电子版。主要的电影发行商已经尝试用卫星传送电影的电子版本，专门的数码投影仪可以将这些电子版本投影到屏幕上。

由于数字化，不同的媒体正在史无前例地融合在一起。原因是根本性的：一旦大众媒体节目资源转变为数字格式，这些材料便能转变为几乎任何可以想象得到的形式。用于印刷的文字可以用于网站、数据库，或者CDROM，甚至还能用于可以识别文字的语音识别系统。用于银幕播放的影片（如果有速度快的计算机、足够高的数码压缩和合适的存储芯片）可以在网络上播放，或者很方便地转成DVD碟片。电影的某些部分可以用于制作数字视频游戏，数字电影中的音乐也可以用在游戏里，还可以制作成CD或者放上网络。

传媒素养：批判地看待媒体间日益模糊的界限

我们已经看到数码新技术的不断涌现给诸如维亚康母、新闻集团和时代华纳等全球性的跨媒体集团带来了重要的机遇和挑战，这种种变化也促使我们这些普通民众发出这样的疑问：这种变化对社会意味着什么？

许多人担心，为数不多的媒体巨头在许多重要传媒业内以及跨行业有着巨大势力，这会造成一些问题。人们常常使用"集团势力"这个说法，表明美国乃至世界有人担心这些为数不多的大传媒企业正在积累资产，让他们将来能够统治大众传播的主要渠道。这些人认为，有意在多个传媒行业发展的大企业利用内部整合的增效作用和合资企业，在尽可能多的媒体高效地传播他们的媒体内容。他们指出，除了利用广播电视、有线电视、家庭录像、电影院、漫画、报纸、杂志、广播和图书等为公众广泛接受的大众媒体以外，这些企业还越来越多地利用互联网、主题公园、玩具、衣服以及大量的其他途径在世界范围内传播他们的新制作。

总体而言，研究传媒企业的投资专家认为我们正在快速迈进一个新时代，届时将有不超过10~15家企业控制着全球媒体内容的主要生产、发行和上映渠道。企业合并不意味着传媒巨头能独占与公众沟通的渠道，他们无疑将与其他公司达成协议，发行和展示其他公司的节目。而且，许多个人和小公司也可能有能力在网络上发布文本或视听材料，理论上任何人都可以看到。但是，传媒巨头将是众多媒体联系公众的主要把关者（Gatekeeper）。因为人们如果想用最保险、最有效率的方式获得大批大众市场观众，或者数量相对小的目标观众，就必须使用时代华纳、新闻集团、维亚康母、CBS、迪士尼或其他大公司的服务。

现在，我们离那种情境已经不远了。一些观察家，例如新闻业学者本·巴格迪肯认为，统治美国媒体的企业已经减少为六家。如果不是由这些大公司或者其子公司发行的影片，很少有几个会成功。图书业最畅销的书都是由那几个出版社出版的。只有少数几家公司控制着能够触及大部分公众的有线电视和广播渠道，杂志、家庭录像、录制音乐等行业同样如此。而且，时代华纳、迪士尼、新闻集团、维亚康母、索尼和贝塔斯曼都是在几个行业中的领军企业。通过结盟，通用电气（拥有NBC环球）、微软、CBS和另外几个集团也已经能够在几个传媒领域获得大量的全球观众。

南方电视台的本土化生存

广东是全国文化体制改革综合试点省，是对境外电视媒体开放的唯一省份，是中国电视传媒竞争最激烈的地区之一。

2001年，旷日持久的WTO谈判终于给了中国人一个答复，同时，中国政府承诺适当放宽传媒文化产业的开放。广东最早打开了大门。经国家广电总局批准，目前已经有9个境外频道在广东有线电视网络中面向公众播出：2001年2月，香港凤凰卫视进入广东播出；2001年10月，已被美国在线时代华纳公司收入旗下的华娱电视进入广东播出；2002年3月，美国新闻集团旗下的星空卫视正式进入广东播出；2002年7月，我国香港亚洲电视广播有限公司的本港台、国际台两个频道被正式批准进入广东播出；2003年4月，美国维亚康母传媒集团旗下的MTV音乐频道被批准正式进入广东播出；2006年6月，澳亚卫视被批准正式进入广东播出。（区念中、余瑞金等《电视传播与边界跨越：境外及香港电视落地对广东电视传媒生态环境的影响及对策》）

传媒巨头们为什么蜂拥而至呢？

据美国高盛公司的分析，中国大陆每年的电视广告市场最高可达120亿美元，仅广东一省的广告市场就至少有20亿美元，更为重要的是，这个市场仍保持令人乐观的增长。另据亚洲媒体研究机构的预测，到2010年，中国有线电视用户将达到1.55亿户。到2010年，中国媒介广告总额预计将达2000亿元，其中电视广告收入接近800亿元。（华明、卢锋《遭遇全球化：中国南方电视博弈》）

面对如此巨大的市场雷石东显得按捺不住了："现在，中国成为全球焦点的机会到来了。作为全球最大的电视市场，中国拥有的电视数量是美国的3倍，但中国电视广告上花费在国民生产总值中所占的比例只是美国的1/3。这是中国电视市场飞速发展的一个信号。"

本章节主要源自《2007中国广播电影电视发展报告（广电蓝皮书）》

境外传媒巨头在完成了落地广东之后，不约而同地实施了本土化战略。美国MTV全球音乐网国际总裁毕龙毅透露，MTV在广东播出不是美国MTV频道的翻版，而是依照中国年轻观众的口味，融合MTV全球的节目资源设计和制作力量，以音乐和年轻人的时尚文化为内容的电视。为此，MTV提出了“全球化思考，本土化落实”的理念。（区念中、余瑞金等《电视传播与边界跨越：境外及香港电视落地对广东电视传媒生态环境的影响及对策》）

境外及香港电视的落地对广东的电视传媒生态环境，包括舆论环境和氛围、节目和广告市场、产业发展、行业规管等方面都产生了较大的冲击和影响，使广东的电视传媒面临激烈的市场竞争和全新的挑战。广州地区因其在华南地区中心城市的位置，多年来一直被境外电视视为进入中国大陆腹地的“桥头堡”。境外电视进入初期，尤其是香港电视，由于节目制作水平较高、使用粤语播出、本土化色彩较浓等原因，曾长期占据广东收视市场。AC–尼尔森数据显示，1999年境外电视频道在广州地区总体市场份额占有率达72.5%。几年来，广东本地电视台通过本土化、差异化、资源整合、区域联动等策略，到2004年底，从根本上改变了收视格局。2004年10月，在广州地区，境内频道以51.5%的市场份额首次在月度超过境外频道；2005年10月，广东南方电视台和广东电视台两台以32.4%的市场占有率，首次超过境外电视频道中最强的两个电视台香港无线和亚视30.3%的市场份额总和，打破了香港电视20多年来对广州电视收视市场的垄断。2006年广州地区境外电视频道总体市场占有率下跌至34.9%，境内电视则上升至65.1%。南方电视台作为中国最年轻的省级电视台之一，从2001年12月20日正式开播至今，通过组织优化和流程再造、定位调整、差异化竞争、品牌塑造等一系列举措，成为广东市场上收视份额增长最快、升幅最大、并能与境外电视竞争的主力。

竞争环境和综合竞争力

1)广东地区电视市场竞争环境分析

截至2006年底，全国61个卫星电视频道(国内落地)，其中有41个卫视频道在广东全省落地。有9个境外电视频道②进入模拟电视网开路播出。广东地区电视市场竞争异常激烈，趋于白热化。

2001年，经国家广电总局批准，广东省广电局贯彻“有线无线合并”的政策，将原广东有线广播电视台和广东经济电视台合并重组成立南方电视台，与广东电视台同为省级台。南方电视台一成立就面临着严峻的市场考验。

中央和省级卫视的竞争

在广州地区观众可收看到的65套电视频道中，有56套是内地频道。其中中央电视台系列频道有9套、广东电视台系列6套、南方电视台系列频道5套 、广州电视台系列频道8套、外省省级卫视28套。2006年，中央电视台9个系列频道的市场份额为8.8%；已经落地的28套外省卫视频道，由于地域文化差异较大，节目定位较为分散等因素影响，市场份额相加后总体仅占6.7%，其中湖南、安徽两台的市场占有率略高，分别为1%和0.7%。在广东全省(包括农村地区)，2006年外省卫视频道情况略好于广州地区。无疑，中央台和省级卫视会分走一定的市场份额，形成一定的竞争压力，本地频道毕竟是有自身优势。影响最大的还是境外电视频道带来的压力和挑战。

境外电视媒体的挑战

广州与港澳地区相邻，语言相通，都是以粤语为主，且具有共同的文化传统，这为港澳电视媒体的传播提供了有利条件。此外，境外电视在资金、技术、人才、运营机制和政策等方面，与内地电视台相比具有较大优势和“不对等竞争”的有利条件，对广东本地的传媒生态带来了极大的挑战和影响。在广东落地的9家境外频道全部属于私营机构，为了实现利润最大化，他们通过本土化改造、网罗内地电视人才、把节目制作基地迁至内地、跨地区跨行业运营等多种方式，适应观众和市场的需求。尤其是香港翡翠台和本港台两个频道，在广东落地较早且使用粤语方言播出，节目具有较浓的本土化色彩，在广州观众中影响最大，2006年两个频道的市场份额分别占境外电视频道总体份额的62.9%和16.9%，是广东内地电视台最主要的竞争对手。

近年来，凤凰卫视、华娱电视、星空卫视等境外媒体，在广东的收视率和市场份额都有较大的增长。凤凰卫视的时政类专题和新闻节目在知识分子和干部阶层中有一定的影响。华娱电视近年来一直在节目和人才等方面实行本土化改造，从内地网罗经营管理人才和节目主持人。星空卫视收视率的增长主要靠播放香港电影。对于境外电视媒体来说，“珠三角”只是一块跳板，真正的目标是整个内地

从2001年开始，经国家广播电影电视总局批准，共有香港凤凰卫视、美国在线时代华纳公司华娱电视、美国新闻集团星空卫视、香港亚洲电视广播有限公司本港台和国际台两个频道、美国维亚康母集团MTV频道、香港无线翡翠台和明珠台两个频道、澳门澳亚卫视等9个频道在广东落地。

南方电视台原有6个频道，2006年南方广播影视传媒集团重新整合资源，将南方台属下TVS-5划归广东电视台，更名为广东新闻。调整后，南方台现有5个频道。

本部分数据如无特殊说明均来自AC-尼尔森市场研究有限公司(2004年后为AGB-尼尔森媒介研究公司)。

市场，他们凭借雄厚的实力以及丰富的电视运作经验，不断提升节目收视率和频道影响力。以广州收视市场为例。2006年境外电视在广州地区总体市场占有率为34.9%。在广东全省，境外电视总体市场占有率2006年全天时间占23.1%，黄金时间占26.98%。目前境外电视频道中竞争力最强的是翡翠台，对广东本土节目冲击最大。

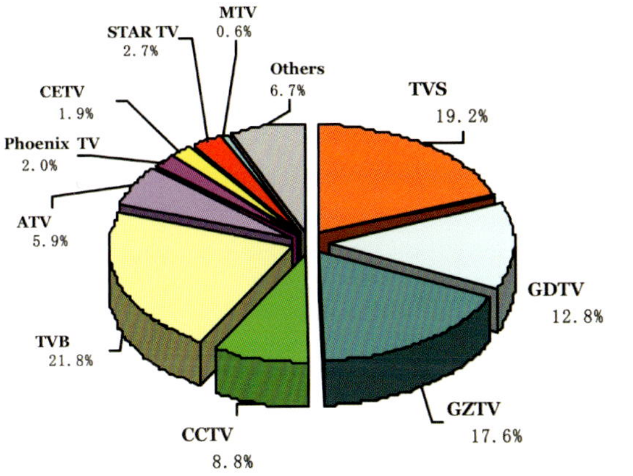

图7-2 2006年广州地区所有电视频道收视占有率情况

收视率和市场占有率分析

2001年南方电视台成立时，根据AC-尼尔森的数据，在广州地区，境外频道总共占有64.1%的市场份额，境内频道只占35.9%。南方电视台当年市场份额为6.5%，位居第5位。广东电视市场境内外电视媒体的竞争明显地表现出外强内弱的局面。经过5年的努力，到2006年南方电视台在广州地区电视市场上的收视份额已经上升到19.2%，以平均每年3.2%的速度递增，2006年市场份额仅次于香港无线，而稳居所有境内外电视台第二位，在内地电视台中位于首位。南方电视台收视率的飙升并没有影响广东电视台。广东电视台近年来收视市场份额基本保持稳定。而广东本土电视的主要竞争对手香港无线和亚视的收视率大幅下降。其中香港无线从1999年的42.4%，降到2004年32.3%，2006年其收视率为21.8%，与1999年相比，降幅为48.6%。亚视则从1999年的29.3%降到2006年的5.9%。这说明南方电视台的市场份额主要是从境外竞争对手手中夺过来的。

2）南方电视台综合竞争力评估

面对严峻的市场竞争，南方电视台对广东电视市场与竞争环境进行分析和研究后，确定了以办专业频道为主，主要打造本土化、对象化、专业化节目，重点覆盖省内市场，走“平民化”路线战略，最大限度地拓展市场空间。在战略上，南方电视台与广东电视台实施差异互补，广东电视台侧重办综合频道，主要打造时政类、财富类、资讯类节目，覆盖全省、全国乃至海外，走高端市场，两个省级电视台形成了“双龙出海”、“双拳出击”的格局。

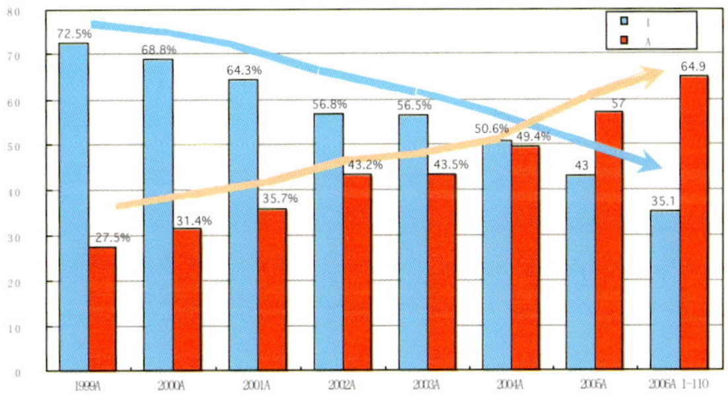

图7-3 2001~2006年广州地区境外与境内电视频道总体收视占有率比较示意图

频道、时段和节目分析

南方电视台市场份额的快速飞升，首先得益于5个频道的准确定位和市场分工。清晰的频道定位和明确的市场区隔有利于全台资源的优化配置，避免了各频道之间的内部竞争和相互抵消，形成南方台5个频道齐头并进、同步增长的良好势头。与2001年开台时相比，2006年，南方台5个频道的市场份额均有大幅度地增长，增幅在100%~340%之间。其中，净增长最多的是影视频道TVS-4，净增长了4.6个百分点；增幅最大的是综艺频道TVS-3，从2001年的0.8%增长到3.5%，增幅高达337.5%。

在资源有限的条件下，南方电视台利用差异化战略，打造了一批贴近实际、贴近生活、贴近群众的本土化的品牌节目，形成了自己的核心竞争力。都市频道的《城市特搜》、《都市笑口组》，以市井文化为内核，以新鲜、趣味和活泼形式，直接为本土观众提供了丰富的本土资讯和服务。2006年《城事特搜》的平均收视率达到5% ，《都市笑口组》的平均收视率达到3.8%。经济频道的《今日一线》、《马后炮》等民生新闻节目因贴近民众生活而备受欢迎。《今日一线》打破了粤语新闻一统广州的格局，播出一周后收视率就跃升广州普通话收视第一的位置，并引发了广东新闻的一系列改革。2006年《今日一线》的平均收视率达到3.6%。这些品牌节目大大提升了频道的知名度。

与此同时，每逢春节、五一、国庆、暑期等长假期，南方电视台便以统一形象，集中策划、协调安排，设置统一主题、统一口号，六个频道根据观众假日市场需求，打破常规编排版面，全方位开展市场推广。节目编排以影视剧为龙头、以系列活动为亮点、以活动带节目，有效地拉动了假日节目收视，也形成了具有鲜明特色的南方电视假日品牌形象。2006年五一长假，南方电视台收视市场份额达到了24%。2006年国庆黄金周，收视市场份额达到了22.7%。2007年春节黄金周，收视市场份额达到24.1%。AGB-尼尔森和央视-索福瑞两家调查公司的数据均显示，南方台连续三个黄金周市场份额居所有境内外电视台之首。

经营创收能力

经过5年的改革发展，南方电视台收入持续快速增长，实力不断壮大。经营创收收入从2001年组建时的4000多万，以平均每年1亿元的速度增长，2005年跃升到4亿元，2006年经营收入达到了5亿元。

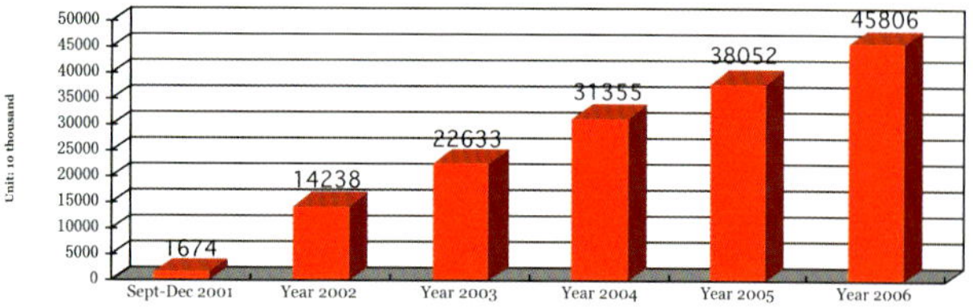

图7-4 南方电视台广告收入走势图

南方电视台综合竞争力提升策略

南方电视台能在广东电视市场激烈的博弈中脱颖而出，在于根据所处的环境和自身资源，有效抓住市场格局变化所带来的重大发展机会，不断创新运作机制，制定并实施了适宜的发展战略、运营策略和管理策略。

1）发展战略

组织和流程再造

南方电视台重组成立以来，经过组织优化和流程再造，面向市场、面向观众，保持强劲的发展势头。在组织上，从以产品（节目）为导向，转变为以客户（市场、观众）为导向；在流程上，通过建立"频道目标责任制"，提高流程的执行质量和效率，提高客户的满意度。通过组织优化和流程再造，南方电视台形成了有良好执行力的"系统优势"，在广东这个特殊的电视市场创造了良好的业绩，成为可与内地电视与境外电视竞争的一支生力军。

差异化战略

在广东的电视竞争中，境内外位居收视第一梯队的频道，多数为综合频道，如香港翡翠台、本港台，广东电视台珠江频道等。对大多数的电视观众来说，影视剧是他们最喜欢的节目，但广东市场上还没有一个比较权威的影视频道，而影视频道在南方电视台成立之前的"有线台时期"，就已经有比较好的基础。南方电视台抓住市场空档，结合自身实际，集中全台资源和力量，重点打造影视频道和自己的核心优势。差异化策略很快见效，影视频道成功进入省内外电视收视频道的第一梯队，成为拉动全台广告创收的领头羊。2005年影视频道在广州地区所有境内外频道中排名第二，仅次于香港翡翠台。

在广东电视市场，当各个频道纷纷投入重金对决黄金时段战役时，南方电视台不仅将兵力投入"正面战役"，还将目光瞄向日间与周间市场。各个频道的日间节目安排，根据专业频道和目标观众的特点，安排适合的节目，目的是扩大全天平均收视占有率。在周间，如都市频道在黄金时段拉出以娱乐和民生新闻《都市笑口组》和《城事特搜》一条线，避开了台内电视剧正面竞争，取得了很好的收视效果。在短剧方面，避开《外来媳妇本地郎》已建立的周末收视优势，安排自己制作的粤语短剧《老猫烧须》和《乘龙怪婿》等，充分占领周间的空档，从而保证了南方电视台在广东市场上获得比较高的总体收视份额。

品牌战略

南方电视台意识到品牌对社会、对观众、对广告投放的影响力和重要性，所以在形象宣传、节目制作、活动组织和广告经营等一切业务活动中，全力塑造"南方"品牌，力求在短期内将品牌树立起来，以品牌带动全台和各个频道的宣传和经营，培育自己的核心竞争力。

首先，以鲜明的视觉标识统一全台形象。6个频道保持统一的形象并在宣传上整体联动，在短期内形成整体的社会效应和影响。"南方"品牌在电视屏幕、平面以及路牌广告、大楼标识等一切可能用到的媒体和传播形式都是统一的。

其次，围绕品牌设计节目。在人力、物力和财力资源无法与境外电视媒体抗衡的情况下，南方电视台自办栏目的生存策略是集中资源，根据广东观众和市场的特点，全力打造本土化节目。在布局上，每个频道重点抓好1~2个符合本频道专业特色的、能够提高收视占有率的精品栏目。如经济频道的《今日一线》，以群众关注的"民生新闻"为定位，立足本土，重点关注与老百姓切身利益相关的身边事，节目播出以后，收视率节节攀升，不仅带动了经济频道的整体收视，还催生了《马后炮》、《江涛话事》、《真实故事》等一系列互动性的"民生类"节目，形成了经济频道的品牌效应。

第三，通过活动强化品牌。通过举办《南方新丝路模特大赛》、《星光耀南方》和《南方盛典》等品牌活动，形成滚动、多层次的宣传推广效应。

南方电视台的品牌塑造和推广策略，维护了品牌的统一性，保证了品牌的核心价值不被分流和削弱。通过实施品牌战略，提高了南方电视台在社会的知名度，在观众心目中树立起了时尚、前卫、充满生机和活力的媒体形象，为节目收视和广告经营打下了很好的基础。

2）运营策略

为避免台内分散经营、恶性竞争，南方电视台实行广告公司一级代理制，将广告的经营权和代理权严格分开，台不直接经营广告，在社会上选择10家左右有实力的广告公司，作为台的一级代理公司，广告经营部门只保留一个比较小的队伍，工作重点转移到以客户服务为中心。一级代理制，使代理公司在开拓客户方面不受包括电视台的干扰，电视台也不需要到一线拉客户，而广告部则把全部精力用在研究广告市场、开发广告产品、监播广告、为代理公司提供服务和管理上。这种经营方式，延伸了南方电视台的经营触角，加强了媒体与广告公司、企业之间的沟通、合作，充分利用广告公司的经营优势（包括客户资源），使媒体与广告公司、企业实现双赢。南方电视台的经营在短期内迅速得以拓展，每年递增1个亿。

3）管理策略

管理运营的本质是将电视台内部的各类资源和外部的市场综合资源转化为资本的能力。南方电视台的组建，台一级领导和各频道总监竞争上岗，采取全员聘用制，实行成本核算、绩效管理，以市场化的运作机制保持最大的活力。这在当时与其他境内电视台比较，形成了最大的差异，成为快速发展的潜动力。

收视率成为南方电视台以绩效为核心原则的核心指标。南方电视台通过购买收视率、运用收视率、考核收视率，构成较为完善的绩效评价体系，成为合乎电视市场规律的竞争机制。其中，每年台里与各频道总监签署岗位责任书时，收视指标占40%，列第1位。同时，广东南方广播影视传媒集团对旗下各频道承诺，一年内收视率增长1%，奖励100万元。收视率的责任和义务激活了各频道在节目制作、节目购买引进、节目编排等各个环节的积极性和创造性。对于员工，收视率成了保障多劳多得机制的源头活水。

对省级电视台竞争力提升的借鉴和思考

广东电视市场是全球化条件下的区域竞争市场。面对拥有强大资本优势的跨国传媒集团，如何应对跨国传媒集团进入中国市场？如何借鉴海外发展经验发展壮大中国的广播电视事业？南方电视台的贡献不仅仅是夺回了一定的市场收视份额，更在于传播主导权的获得。南方电视台综合竞争力的成功提升，其经验可供内地电视媒体借鉴。

1）本土化生存

在与境外电视媒体的竞争中，本土化成为生存的不二法则。2003年以前，南方电视台通过外购节目支撑整个台的收视和发展，2003年之后，逐步提高自办节目对频道的贡献，全台自办节目的收视贡献大于影视剧。其中民生新闻成为实力最强、最受观众欢迎的节目。南方电视台成功创办了《城事特搜》、《都市笑口组》、《今日一线》、《马后炮》等一系列自办品牌节目，充分体现出南方电视台的“本土化”的特色和优势，成为竞争中取胜的法宝。

2）差异化竞争

目前全国电视竞争“同质化”严重，只有寻求差异化的市场定位，才能在市场竞争中立稳脚跟。在广东地区激烈的市场竞争中，差异化战略成为南方台参与市场竞争的突破口。正是运用频道、节目的差异化优势，南方电视台获得了稳定的市场份额，获得了社会效益和经济效益的双丰收。

3）通过联合发展扩大全省覆盖

由于历史和政策原因，广东各地的有线电视各自为政，在网络资源和利益纷争之中，完整地转播中央及省各套节目曾经是一个令人困扰的难题。而南方台作为广东市场的后来者，在全省的覆盖问题更是一度成为阻碍其发展壮大的一大障碍。

在广东省广电局和南方广播影视传媒集团的支持下，南方台通过省市台联合发展、联合经营，以及在节目和广告资源上给予地方电视台大力支援等多种方式，争取地方台对南方台落地入网的支持，实现合作双方的最大利益。目前，南方电视台在全省地级市的覆盖率达到80%~90%，为扩大全省收视市场份额、与境外电视竞争打下基础。

南方电视台的实践表明，面对激烈的电视市场竞争，即使在资源有限的条件下，如能加强媒体运营的战略管理，以适当的策略构筑自己的优势，则仍能在激烈的市场博弈中取得主动。

05

第五章 影像叙事：后9·11时代

New York: Post 9·11

区念中 摄影/撰文

Text and photographs by Ou Nianzhong

我在纪录片《雷石东和他的传媒帝国》中的角色，既是系列片《与世界传媒巨头对话》的总策划，同时也是平面摄影师。

南方电视台很多电视纪录片和专题片的制作，最后会形成不同的产品，电视片、DVD和图书以及相应的其他产品。

但我们摄制组的构成，则力求精干，成员多是身兼数职。如黄天文是节目监制、制片、统筹和摄像师，薄义群则身兼采访、撰稿和翻译以及大部分的后期制作。这也许是南方电视台的发展业绩虽然每年递增，而人力资源（人员）投入却没有急速膨胀，至今仍保持着一支比较精干的队伍的原因。

作为摄影师，我的任务是为图书《影响你所生活的世界：与世界传媒巨头雷石东对话》的出版拍摄照片，记录与雷石东以及维亚康母集团高层对话的现场，他们的工作和生活环境，以及摄制组从美国西岸洛杉矶的好莱坞、派拉蒙影业公司，到东岸纽约的维亚康母总部、波士顿的哈佛大学商学院等地方拍摄的全过程。

维亚康母的总部就在纽约时报广场，这里离9·11恐怖袭击的现场原世界贸易中心双子塔旧址不远。为拍摄方便，在纽约采访的那几天，我们摄制组就住在第六大道离时报广场不远的地方。1999年，我作为国际访问学者，在美国考察广播电视业时，曾在纽约呆过一段时间，也住在时报广场附近。在我看来，后9·11时代的美国，特别是在纽约，尽管万圣节的狂欢仍在进行，但不论是在时报广场，还是在狂欢节游行的格林威治村，恐怖袭击的阴影无处不在，街头警察从早到晚随处可见。这和我1999年的感觉完全不一样。

利用摄制组拍摄和早晚间的一些空隙时间，我主要在纽约街头拍下了这些照片。如学者们所说，“街头摄影所提供的大量客观和详细的社会影像，是研究社会文化最宝贵的资料”，我希望这些影像，在增加读者对雷石东的传媒帝国的了解的同时，也对诞生和延续这个帝国的背景有更直观的认识，算是对电视片的一点补充。

大都会博物馆前的积水和星条旗倒影 Metropolitan Museum of Art，New York，2006

写作是试图知道如果我们写作我们会写什么。

法国女作家杜拉斯（Marguerite Duras）这么说过?

好像是。

按这个逻辑，那么，对我来说，也许，

摄影是试图知道如果我们摄影我们会拍什么。

纽约，2006年11月。

中央公园的叶子黄了；格林威治村的人们在准备万圣节的游行；一场小雨过后，大都会博物馆前的一滩积水反射出星条旗的倒影；Ground Zero前面的马路上，阳光下，再也没有了世界贸易中心双子塔的长长的阴影。

在美国，在纽约，

如果我拍照，我会拍些什么?

街头意外 New York，2006

影像叙事/目录 Contents

纽约 New York, 2006

01

纽约：后9·11时代

New York: Post 9·11

从华尔街向西，进入百老汇大街，再向西进入自由大街。这时，轻轻的，你可以听到一缕长笛吹奏的乐曲，从远处飘来，悠长，忧伤，是Amazing Grace，来自天国的声音。

再往前走，是Ground Zero，不见了往日高耸的世界贸易中心双子塔，地面已经清空，工地上空高高地飘扬着一面星条旗。这是9·11事件的现场。

吹长笛的是一位留着长胡子的老人。

对美国人来说，2001年9月11日，是另一个时代的开始。

就如一位诗人所说：A new day in America。

工地前，一位头戴安全头盔的非洲裔工人在我的镜头前匆匆大步走过，神情凝重。

让人想起另一个诗人在9·11后写下的诗句：United We Stand。

这辑照片，拍摄自纽约下曼哈顿911现场一带的街区，或者可以帮助你了解美国人对“这一个时代”的理解。

翻开朋友送我的一本书《Inside 9·11—What Really Happened》(《9·11内幕》)。这是德国新闻杂志《Der Spiegel》的记者、作家和编辑们共同写作的一部报告文学，它把人们再次带进2001年9月11日那个令世人难以忘记的时刻。

书的扉页上写着：

To the victims, heroes, and survivors of September 11, the World will not forget.

“谨献给9·11的遇难者、英雄和幸存者，世界永不忘记。”

反战示威的人群 New York, 2006

左：纽约　New York，2006

右：世界贸易中心遗址前吹福音曲的老人

Ground Zero，New York，2006

左: 世界贸易中心遗址　Ground Zero, New York, 2006

右: 希尔顿酒店的玻璃幕墙上没有了双子塔的影子　Ground Zero, New York, 2006

THE MILLENIUM HILTON
THE MILLENIUM HILTON

左: 世贸遗址前的纪念图片展

Ground Zero, New York, 2006

右上: 世界贸易中心遗址

Ground Zero, New York, 2006

右下: 世界贸易中心地铁站

World Trade Centre Path Station, New York, 2006

WORLD TRADE CENTER
here
remembering 9/11
WORLD
TRADE
CENTER
PATH
STATION

世界贸易中心重建工地工人

Workers, Ground Zero, New York, 2006

路过世界贸易中心遗址的纽约人 Ground Zero，New York，2006

时报广场　Times Square, New York, 2006

时代广场 Times Square, New York, 2006

在曼哈顿巡逻的骑警

Manhattan, New York, 2006

3519
COMPUTE
DVD

左:联合国大厦　United Nations, New York, 2006　　　右: 从MTV演播厅看时报广场　Times Square, New York, 2006

左: 帝国大厦 Empire State Building, New York, 2006

右: 百老汇熨斗大厦 Flatiron Building, New York, 2006

THE POWER TO
PUT AN END TO
HUGE OVERAGES.

格林威治村街头的警察 Greenwich village, New York, 2006

格林威治村街头的警察 Greenwich village, New York, 2006

华尔街　Wall Street, New York, 2006

NEW YORK STOCK EXCHANGE
CEMEX
Building the future
100
YEARS
CEMEX
CX
LISTED
NYSE
CEMEX
100
YEARS
CX
LISTED

左：早晨　New York，2006

右：第五大道　Fifth Avenue，New York，2006

百老汇的歌剧院 Broadway, New York, 2006

时报广场　Times Square, New York, 2006

左: 市集 New York, 2006

右: 时代华纳中心看中央公园 Time Warner Centre, New York, 2006

市集卖艺者 New York，2006

马路工程 New York, 2006

街头 New York，2006

左: 卖艺者 New York, 2006

右: 南街海港 South Street Seaport, New York, 2006

南街海港 South Street Seaport, New York, 2006

VANDERBILT HALL
42ND STREET
BUSES AND TAXIS

左: 中央火车站 Grand Central Terminal, New York, 2006

右: 电视台早上节目现场 New York, 2006

纽约 New York, 2006

街头 New York，2006

街头 New York，2006

上：街头 New York，2006

左：哈林区 Harlem Heights，New York，2006

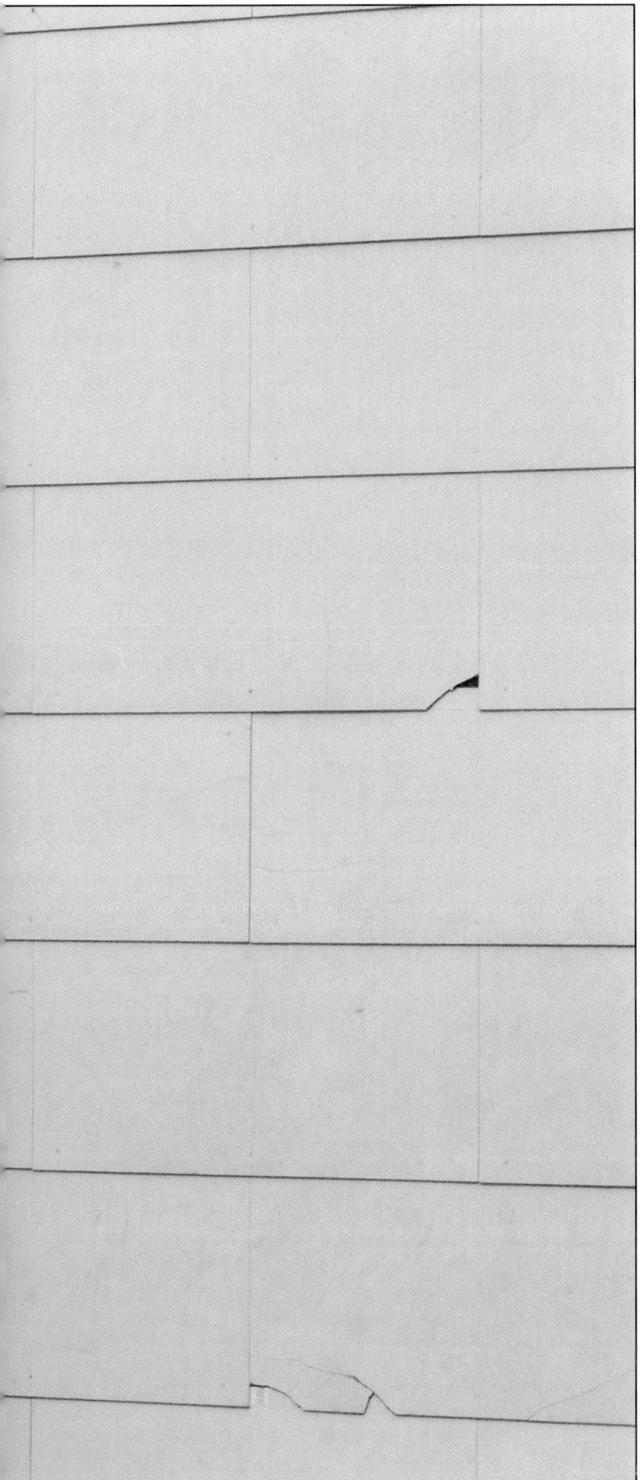

布鲁克林区 Brooklyn, New York, 2006

远望纽约 New York, 2006

02

再见波希米亚：格林威治和SOHO

The Village and Soho

这一天是万圣节。

从时报广场，从华尔街走出来。马路两边高楼林立。我抬起头来，看到大厦与大厦之间缝隙展露的一小片天空。1999年，我作为国际访问者，曾在曼哈顿住过一段时间，常在时报广场、麦迪逊大道、百老汇和第五大道一带游走。经验和直觉告诉你，这就是你想象中的纽约。

在纽约街头拍摄，我脑子里常常有Robert Frank和Henri Cartier-Bresson留下的纽约街头图像。这次，摄制组在纽约停留的时候有限，拍摄的任务却很多，我只能在一早一晚，或者从这一站转到下一站的空隙，抽空在街头拍摄。所到之处，我举起相机就按快门。这些街头影像，仿佛是一个个游离的碎片，然而，当这些有关联或无关联的瞬间、那些毫不起眼的场景“碎片”组合起来的时候，你也许就能看到纽约的肖像和这些平凡影像后面隐藏着的“打动人心的诗意”。

格林威治村和Soho，纽约人称这里叫“the village”。奇特的建筑和这里弥漫着的漫不经心的波希米亚气息让我惊讶。这显然不是我想象中的纽约。

古老的街道，工业时代矮层的铸铁建筑、画廊、咖啡馆、餐厅，随处可见的前卫艺术。音乐小旅馆门前的住客，沐浴着朝阳，正在享受早上的闲适时光。

街道上，人们忙于准备当晚万圣节狂欢游行。

三五成群的男女老少，一个个扮相奇异，争奇斗艳，唯恐不能引起人们对他们的注意。迎面走来的一个头带古怪面具的青年人停在我面前，等着给他拍照。

人们在期待这天晚上的狂欢。全纽约一半以上的人们，都会涌向格林威治村。

到处都有警察站岗。他们警惕的眼神，无处不在。这看起来令人感到不安。

9·11后，生活仍在继续。

格林威治村画廊林立 Greenwich Village, New York, 2006

咖啡馆是很多艺术家和作家的会面之处 Greenwich Village, New York, 2006

克里斯夫多街和第七大道交会处的广告 Greenwich Village, New York, 2006

SoHo区铁铸建筑群是罕见的工业艺术产品 SoHo，New York，2006

在格林威治村度过一个愉快的晚上 Greenwich Village，New York，2006

左: 餐馆服务生 SoHo, New York, 2006

右: 迎接万圣节 Greenwich Village, New York, 2006

左: 街头卖CD的老人 Greenwich Village, New York, 2006　　右: 纽约大学 New York University, New York, 2006

NEW YORK UNIVERSITY
WAVERLY BUILDING
NO ENTRY
NO ENTRY

街头 SoHo, New York, 2006

理发店 Greenwich Village, New York, 2006

万圣节免费化妆广告 SoHo, New York, 2006

画廊 SoHo, New York, 2006

街头 SoHo, New York, 2006

CHIPS
HONEY
DIJON

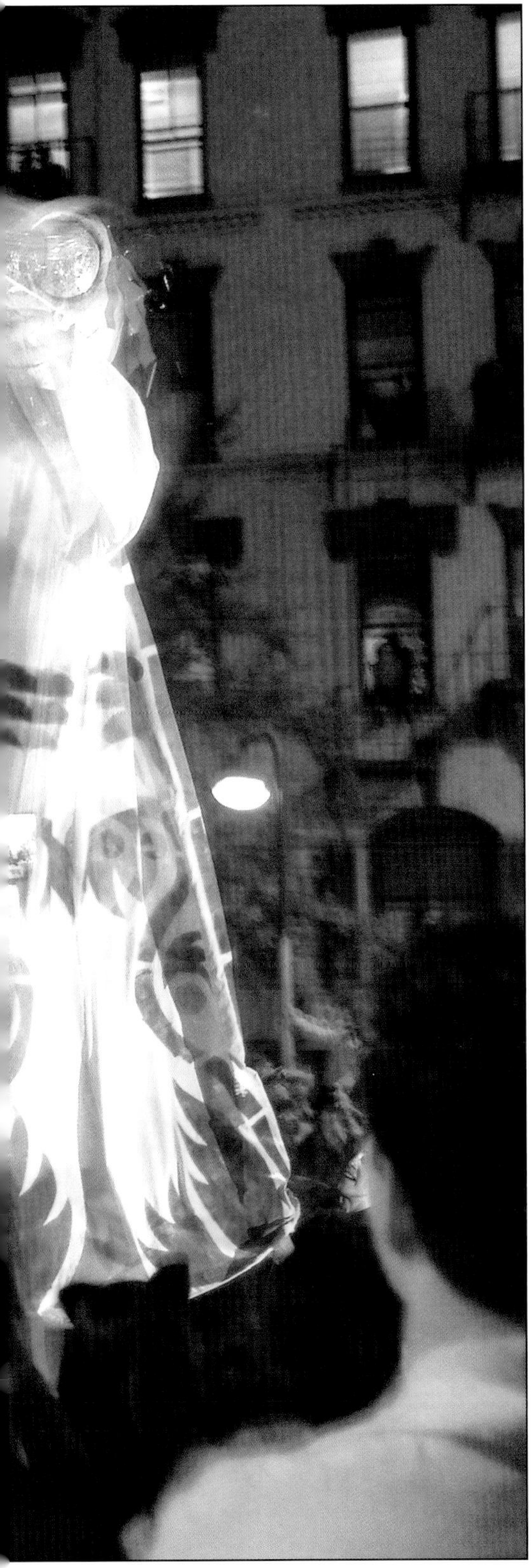

万圣节狂欢 Halloween Parade，Greenwich Village，New York，2006

万圣节狂欢 Halloween Parade, Greenwich Village, New York, 2006

长岛 Long Island，2006

长岛 Long Island，2006

长岛村舍　Long Island，2006

长岛村舍 Long Island，2006

03

奢华圣地：第五大道

Fifth Avenue

早晨，天气有点清冷。

我从第六大道，穿过56街，进入第五大道。这时候的第五大道其实还没有完全醒来，街上行人极少，安静而落寞，如盛宴过后，曲终人散，让人想起“天下没有不散的筵席”名句。

名牌店临街橱窗的灯光还没有熄灭。

一抹晨光，涂在向东面的房顶上。

ARMY广场上的流浪汉看上去刚刚睡醒，还在整理披在身上的毯子，有人在人行道上晨跑。广场对面苹果公司对外的平台上，CBS的工作人员正在准备当天晚些时候的直播。摄像机已经架起。

全世界公认的四大奢华朝圣地之一的样子，在这个时候你是看不到的。

晚上，第五大道人来车往，它的全部秘密在你面前展露无遗。全球所有最顶级的时尚品牌，你都能在这里见到。难怪对时尚爱好者来说，这里是他们心中的“圣地”。

第五大道塞克斯百货商店 SAKS, Fifth Avenue, New York, 2006

"Gothic Splendor"
Produced by
Douglas Little
the November 2006 issue of
OUSE

左：迎接第一缕晨光的路易威登橱窗 Fifth Avenue，New York，2006　　右：街头流浪者 Fifth Avenue，New York，2006

左：第五大道 Fifth Avenue，New York，2006 右：第五大道 Fifth Avenue，New York，2006

ZARA
ONE
SABRETT
SABRETT
Hot Dog

VERSACE

左：第五大道 Fifth Avenue，New York，2006　右：第五大道 Fifth Avenue，New York，2006

左：圣帕特里克大教堂 Fifth Avenue，New York，2006　　右：CNN纪念品店 Fifth Avenue，New York，2006

EVEN
TEVE MADDEN
LONDON • PARIS • QUEENS

左上: 第五大道 Fifth Avenue, New York, 2006

左下: 街头电视演播厅 Sixth Avenue, New York, 2006

右: 清货大平卖 Fifth Avenue, New York, 2006

左：洛克菲勒中心 Rockefeller Center, New York, 2006

右：麦氏威尔牛扒店 New York, 2006

04

诗意栖居：阿米什人的田园牧歌

Poetic Living: Amish Village

我不能确切地知道，我们为什么要来到这里。

或者，我到底想叙述一个什么样的故事？

也许我只是好奇，想知道究竟为什么：在我们与美国现代电子传媒巨头对话之后，正惊讶现代电视传媒跨越传统的地理边界，无孔不入，无处不在的时候，却意外地听说，就在现代工业城市费城附近，还生活着这样一个远离现代科学技术和生活的群体，阿米什人（Amish）。

宾夕法尼亚州，兰切斯特。阿米什人居住地（Amish country）。

几百年前为躲避宗教迫害，从德国和瑞士一带来到美国的阿米什人，目前在美国有十几万人，他们至今不使用电灯、电话、汽车、计算机等现代技术，仍然维持着18世纪欧洲的传统农村生活方式。

他们推崇“谦卑”，拒绝“骄傲”。在他们的价值观中，拒绝使用节省劳力的技术，以免不依赖邻居的帮助；不使用电力，以免造成为购买显示身分地位的商品而竞争；不照相，以免造成个人或家庭的虚荣心。他们的子女，不接受初中以上的教育，因为他们认为这对日常的农场生活毫无帮助，只会引发个人或物质方面的野心。他们这样做，不是因为穷困，而是出于信念的选择。

就在我们惊叹现代电子传媒无处不在，现代科技生活日新月异的变化正在改变我们的生存和生活方式的时候，阿米什人笃信简单的生活方式和价值观，对我们业已形成的观念和生活方式，不谛是一股强烈的冲击。

马车迎面驶来。就在我举起照相机的时候，我强烈地感觉到坐在车上的那位阿米什男人的不悦。我们在屋前要给小孩录影的时候，孩子们都躲到房子后面去了。他们不但自己不照相，而且也不喜欢和外人照相。

我们是外来的闯入者。

我们支起摄像机，在公路边等着。

我希望，在我们拍摄的《雷石东和他的传媒帝国》的纪录片中，有一组这样的镜头：

阿米什人驾着他们的马车，的得的得地从公路的远处驶来。

一辆辆汽车在他们的马车旁飞驰而过。

特写：穿黑长袍留长胡子的阿米什男人，牵着缰绳的手。

马车穿过小镇路边的加油站，然后慢慢地向远方驶去。

逐渐消失在地平线上的马车。

Amish country，宽广的原野。

这一组镜头我们拍到了，只是我们最后没有使用。

我怀疑，我们已经感受自己内心的矛盾和焦虑。

村子 Lancaster, Pennsylvania, 2006

驾马车的阿米什人 Lancaster, Pennsylvania, 2006

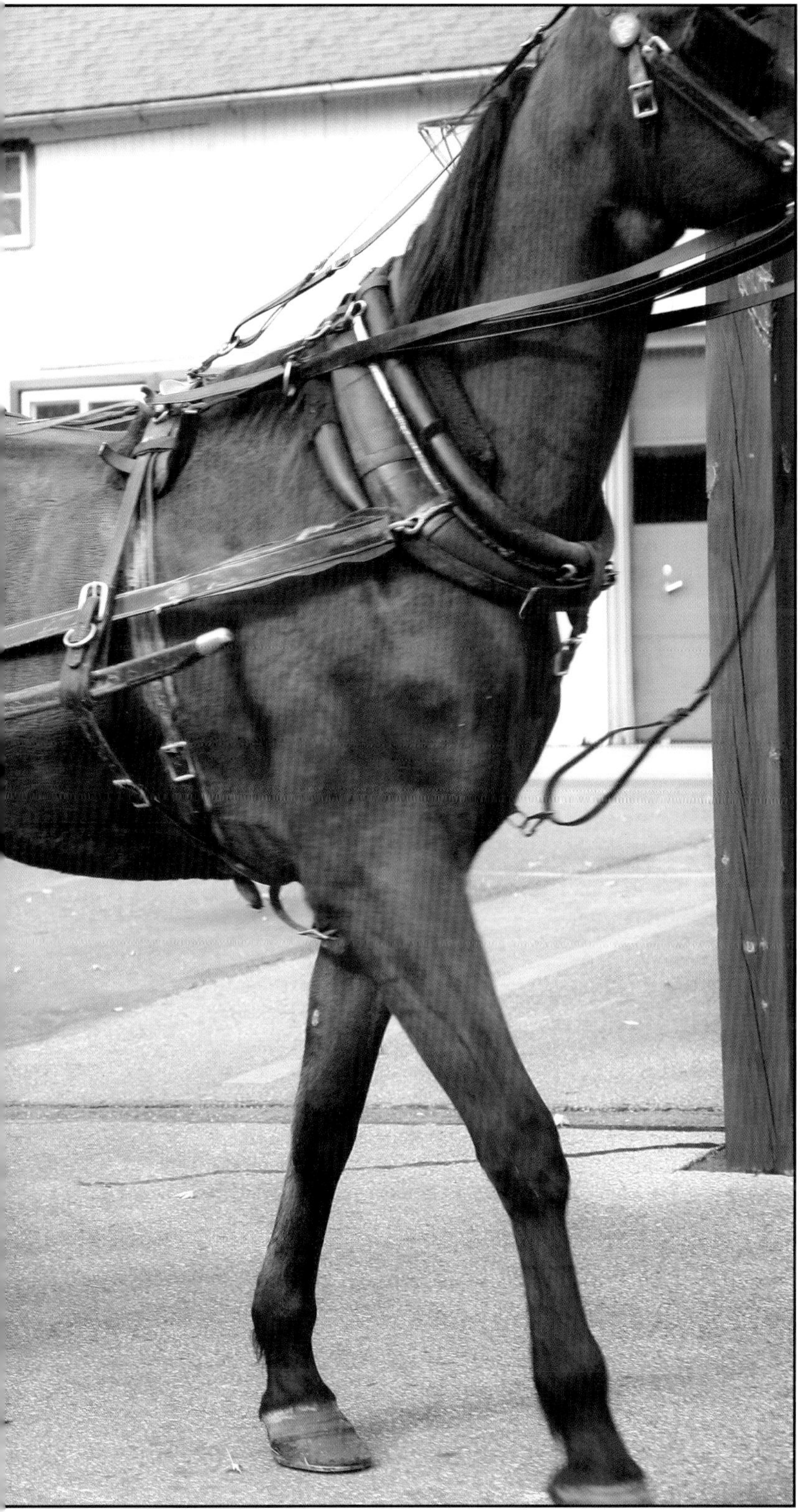

阿米什人自己不照相，也不乐意别人给他们拍照
Lancaster, Pennsylvania, 2006

在阿米什村马车与汽车并驾齐驱 Lancaster, Pennsylvania, 2006

加油站随处可见，但阿米什人坚持不用汽车 Lancaster, Pennsylvania, 2006

阿米什人坚持传统的农牧生活方式

Lancaster, Pennsylvania, 2006

左：村子 Lancaster, Pennsylvania, 2006

右：阿米什人坚持穿黑色长袍 Lancaster, Pennsylvania, 2006

左：村子 Lancaster, Pennsylvania, 2006　　右：阿米什马车 Lancaster, Pennsylvania, 2006

田园牧歌 Lancaster, Pennsylvania, 2006

左：民居 Lancaster, Pennsylvania, 2006　　右：民居 Lancaster, Pennsylvania, 2006

Sumner Redstone, Beverly Hills, Los Angeles, 2006

the Chinese ambassador to the rest of the world. Therefore we accomplish something that is very worthwhile in exporting Chinese culture and Chinese music to the United States, to support the opera companies that would come to the United States, to do anything we can to bring to the American people and others Chinese culture.

TVS: You have done a lot of promotion about Chinese culture, are you satisfied with the role you have played as a culture ambassador?

Sumner Redstone: Well, no, I'm never satisfied with anything I do, I always feel I can do it better, but we've tried to be just that a culture ambassador, we never bring New York music, European music to China, but what we do is to export Chinese music to the rest of the world, as you know MTV Music Award show with CCTV, as a partner, we probably reach hundreds of millions of people outside of China.

TVS: Do you think that the media are still as powerful as before?

Sumner Redstone: Do I think the media is still as powerful as before? Yes, I think that our company is not that I want to overstate this power, but there is no reason to assume that the power has been diminished, particularly its power for the good.

The most exciting things happened after the fire

TVS: Maybe you will never forget the fire in 1979.

Sumner Redstone: But I never think about it, unless people like you remind me.

TVS: Have you ever thought of giving up while standing outside of the window, burning in the fire? It's a terrible memory.

Sumner Redstone: No, I never thought of giving up, I wanted to live. I have a zest for living, and living, staying alive is part of that zest. No, I've never thought about that, I did think I was burning alive, I got to one window and it was not open, I got to another window and it finally opened. And I hang out of the window for about 10 minutes until the fireman came to get me down.

TVS: I know that you have talked for many times that the fire didn't change anything of you, but many people don't believe that.

Sumner Redstone: No, I know people believe something like that is a seminal event, certainly it's not for me. I have the same priorities, the same values, the same desires, the same zest

Interviewing Sumner Redstone, Beverly Hills, Los Angeles, 2006

before the fire and after the fire, very little change.

TVS: You know in China we believe that good luck comes after the survival of a terrible disaster,

Sumner Redstone: I don't think anything is a matter of luck, I really doubt. Luck can affect one small incident, but luck is not the reason for success, whether it'll be in living, whether it will be in business. It's the will, the will to succeed and the will to survive.

TVS: Your CV reads like a list of dreams for the young people and the power hungry. And what impresses me is that you turn your back on your successful law career to take over your father's business, were you so sure about your choice at that time?

Sumner Redstone: There is nothing certain in life except debts and taxes as they say, But I have reason for every move I made. I enjoy practicing law, but like other young people like my age at that time, I thought that practicing law would enable me to serve humanity, it sounds extreme, but that was true to me and many others in Washington, when I found out that the law is just like any other business, I decided to leave the law and go into my father's business.

TVS: As we know that you have done it twice in establishing great business ventures, the one is at the age of 31, the other one is at the age of 63, what is the biggest difference between these two times?

Sumner Redstone: In terms of attitude and desire, very little difference. I enjoyed being a theater exhibitor, I want to be the best theater exhibitor in the world, and of course, I enjoyed the acquisition of Viacom. Interestingly, the most exciting things that had happened to me happened after the fire.

TVS: How did you adapt yourself from running a small private company to a large transnational company like Viacom at the time?

Sumner Redstone: Well, again I say, that whatever talent I may have had, it would be the same in a small company or a big company, but in fact, when I acquired Viacom, it was a very, very small, hardly known company; it was a small television company. In the years that followed we built it into a giant company, but at the time of the acquisition, people said, you will find it interesting, MTV was just a fad, Nickelodeon would never make it. And now, MTV and Nickelodeon are all over the world. So follow your own instinct, even Wall Street disagrees.

TVS: Does it mean that you learned the management skills from the whole process from a small company to a giant?

Sumner Redstone: No, I think the management abilities are the same, wherever you are, and any company you may be involved.

TVS: Up to now what is your proudest experience in your career life?

Sumner Redstone: That's very difficult to say, the most important experience in my life was to stay alive in that fire which most people thought would kill me, and the doctor said I wouldn't live for one day, they thought I would never walk and today I run. And so I guess that the most important experience, as far as proud, I can't answer that question. I feel good about whatever achievements I have made since I was a little boy in school and in business.

Follow your instincts

TVS: During the past 20 years you have built Viacom into a big global leading entertainment company, I would like to know have you ever made any mistake during this process? This might be enlightening to other people.

Sumner Redstone: Mistakes? I am sure I made mistakes, but fortunately, I've never made a big mistake, or else I would not have succeeded. And when I start out to do it as you say, build what I believe is the best one of the largest media companies in the world. If you keep making mistake, how could that have happened?

TVS: Have you ever made any enemies during this process?

Sumner Redstone: Of course, it's impossible, I've never made them willingly, I never attack anybody voluntarily, but when I had to do what would create a possible enemy, I did it, I sued John Malone, who is one of the most powerful people in the United States, but today we are friends. I fought with Barry Diller, and today we are friends. I sued Time Warner because I had to. In order to preserve the integrity of our company I had to do that. There would not have been a successful MTV, or Nickelodeon, or Showtime, if I have not been willing to fight for it. I carried on those fights and successfully.

TVS: You once said that "business instinct is the combination of experience and the intellectual capacity to come up with the right answer to a question."

Sumner Redstone: Well, let's follow the way I define 'instinct', I have generally followed my instincts, even when there were variance with the views of Wall Street, for example, and I do respect Wall Street for I have to, but yes, when you say instinct it's not guess word, instinct is the combination as you said of experience and whatever intellectual capacity you have.

Big is not necessarily better

TVS: Viacom has been making a lot of front page news. In January 2005, you split Viacom into two entities. Is that because of the sagging stock price?

Sumner Redstone: Partly. The reason was that partly,

because you can't control the price of the stock, no matter how good you do or you like to think, the stock will follow an accomplishment. Now I have reached a conclusion, because MTV had grown spectacularly, CBS was the number one network in the world, and yet our stock went down instead of up, so I reach the conclusion, that there was a conglomerate discount, and also, that as I like to say, divorce is sometimes better than marriage. And further more, and I remembered back to the time when VIACOM was the fastest growing media company in the world, it was MTV and Paramount, so I thought, by splitting the companies, we would see the same kind of growth, we are gonna unlock the value and growth of MTV and Paramount.

TVS: Will there be aggressive competition between the two new companies?

Sumner Redstone: Well, the two new companies, while I control them both, have the absolute right to compete with each other, absolutely, uh, however there is very little competition between the two, because their businesses by nature are very different.

TVS: Recently you fired Mr. Tom Freston, was it a hard decision for you to make?

Sumner Redstone: It was extremely hard to make the decision. He sat in this house; I was almost close to tears. When I told him, that it was not the board nor I decided that he wasn't a good leader, he made an incredible contribution to Viacom, what I and the board determined was the best people to lead the company forward were Philippe Dauman and Tom Dooley with whom I had been associated for 20 years, the most important association was when they were my deputies, in those years, they were in the most productive years in the history of Viacom, and the stock tripled the value. But that, in other reason we made that decision without reflection on Tom Freston who was a great leader, it was more that we thought, the best people to lead the company in the future were Philippe Dauman and Tom Dooley .

TVS: Why did you choose Mr. Philippe Dauman? What are your expectations of him?

Sumner Redstone: Why I chose them? Phillipe had served many capacities in Viacom, he has been head of strategy committee, and he has been general counsel. But as I said, his most important role was to serve as my deputy before we split Viacom, in those years I came to know extremely well and respect him, and I do today. Because today, one of my principal advisors is for that, from that experience that I determined he and Tom Dooley were the best people to lead the company to the future.

TVS: You know, in order to exploit economy of scale and scope, there was a wave of M&A and acquisitions during the 1980s and 1990s. And up to now, that the bigger the better is still in question, is that true to Viacom?

Sumner Redstone: Like I always said, big is not necessarily better, and that we mean, believing in that 'Big' is not that of quantity, what important is not size. So, yes, we made a lot of acquisitions, but I do think the age of major acquisitions is almost over, because whatever could be acquired, it's been acquired. Now in China that is different, we continue to look at price for acquisitions in China, and we would continue to do that in the future.

Content is still king

TVS: You said content is king, but to run the company like Viacom, I think the talent should be king.

Sumner Redstone: Then who should be king?

TVS: Talents

Sumner Redstone: Well, talent is extremely important, but content is king. Talent uses the content, but without the content, talent can not survive. I'd like to say, people do not watch CBS, they watch CSI. In other words, distribution is important, talent is important, but all the important is content. 'Content is king', as you know, I coined the phrase.

TVS: Just now you said the content is still king, but you know, now the principle of "content is king" has already become a consensus in the media industry, under this circumstance, how can Viacom excel in content and maintain the competitiveness?

Sumner Redstone: But, but it does excel in content, one of the great things about our Viacom is that it has the best content in the world, there's no rival to the MTV network, none whatsoever. We produce all kinds of content, the MTV networks, the studio, CBS is a great producer of content, CSI, CSI NEW YORK, CSI Miami, Two and A Half Men, the reality show SURVIVOR, great content, we have the best of the content, and that's why we will do better than most in this industry.

3Cs for a good CEO

TVS: I found that several of your managing team members have law educational background. So you deliberately choose those talents for Viacom?

S: I believe that a legal background is a best background not just to practice law, but to run a business, the things you learned in law school are immediately relevant from the day you go into business.

TVS: What do you think is the most important quality for a good CEO like you?

Sumner Redstone: The most important quality? I think the most important quality of any executive, is character, competence and commitment, without character, I don't care about competence and commitment. Character is the most important quality of any executive.

TVS: As we know that there are lot of brilliant people around you, like Ms. LI YI FEI, and these people are the most difficult to manage, if they don't agree with you sometimes, then how will you

Sunset Avenue, Los Angeles, 2006

Sunset Avenue, Los Angeles, 2006

the new media, like internet, and Viacom is still concentrating on the traditional media, like TV, movies and CDs, some of the critics say that Viacom has lost the first war against News Corp in acquiring MySpace.com.

Sumner Redstone: There's no question, that the loss of MySpace to Rupert was a blow to Viacom. It should never have had happened, they were sitting there for weeks at a price lesser than what Rupert Murdoch paid for it, and our people did not go for it, they made a big mistake. And I think MySpace is now worth at least 1.5 billion dollars, may grow in value, but! We never worry about lost opportunities, there are so many new opportunities arising everyday. In the future, we'd rather concentrate on the new opportunities.

TVS: The media landscape has been changing quite rapidly, what changes do you anticipate in the future?
Sumner Redstone: Well, the media industry is always changing, there has always been a revolution or an evolution in the media industry, I believe that will continue. Right now the concentration is on the digital world as you know.

Friendship will be a big step forward to success in China

TVS: Viacom has been in China for nearly 10 years, does MTV's performance in Guangdong or in all over China come up to your expectation?

Sumner Redstone: I have been to China so many times as you may know, as I said, I met just all the ministers in China that I have been able to develop relations, friendship and trust with them. I said ,at least 4 or 5 delegations had been here, uh, visited with me. Mr. Li from Shanghai media where we have a partnership, and the people from Changsha which I visited recently, they all have been here. So I enjoyed those relationships with the people from China.

TVS: You know for Viacom's expansion in China, what kind of role does Guangdong market play?

Sumner Redstone: In Guangdong or Guangzhou, we have the only branded cable network in China, which is MTV China, however, of course we would like to expand it. And when I go there, I talk to the official, we would like to expand the distribution. We already have distribution in China, in syndication, MTV and Nickelodeon, hundreds of millions of homes, I recently made a deal with the president of CCTV, whereby, CCTV is broadcasting I estimated to 125 million homes in China. As I said, we have made a partnership deal with Shanghai Media, and all over China, where we are producing education and children's programming with them, we have a joint-venture with Beijing TV involved with music, we are always striving to expand our relationship with China which is a country we really love.

TVS: You have been to China for several times, what special insights and tips can you share with those industry executives who haven't done business in China before?

Sumner Redstone: Yes, if I have any tips to share I wouldn't, because they are competitors, But in fact, I think, when I would say to another company that wanted to emulate us but never able to emulate us, they are in too late, is don't think so much about money at the beginning, think about building relationship and friendship. So form a friendship and trust, that's genuine, and that will be a big step forward to success in China.

TVS: You have over 100 Chinese colleagues working for you, what's your impression towards them?

Sumner Redstone: I think they are terrific! The interesting thing is that I have said that 99% of the people employed by MTV are not Americans, so I think the people in China are particularly talented. And I think that accounts for, like Li Yifei, and that accounts for our success in China.

TVS: What's the difference between the Chinese colleagues and the other colleagues?

Sumner Redstone: No, no difference, the best of the best, we like to have the best whether it is in America, whether it is in London, whether it is in China, whether it is in Russia, or whether it is in Africa, we try to have the best people with us, and we certainly do in China.

TVS: So far as I know MTV China has turned into profit.

Sumner Redstone: It has just turned into profit now, as I say, for all these years we are willing to forgo profit, to build relations of trust, so that the government and the people could trust us. Yes, we are only beginning to monetize what we have built.

TVS: Any discussion about Chinese market could not avoid mentioning Time Warner and News Corp?

Sumner Redstone: But why should I mention them? They are just secondary companies. (laugh) The only

Sunset Avenue, Los Angeles, 2006

important company is Viacom!

TVS: In China's market, you are competitors.

Sumner Redstone: Yes, we are, but let's face it; the only company that is allowed to use its brand name is Viacom! You see MTV, you see Nickelodeon all over China, you do not see the names like Disney for example is allowed to produce children's program, but it does not appear in the name of Disney, maybe in a hotel but not to the general people.

I am in my 60s

TVS: As you said the word 'retirement' is somehow omitted from your dictionary, but at the beginning of this year (2006) you stepped down from Viacom, does that mean you decided to slow down?

Sumner Redstone: No, I haven't slowed down at all, I gave up when I appointed originally Tom Freston and Les Moonves as my lieutenants. I thought, since they were running those businesses, they should have the title of a CEO, but however, I never gave up the role of executive chairman, and controlling stock holders, that title is not important, what I gave up was a title, not my role, and I continue to travel the world to China, I just got back from Turkey where we have launched a 24-hour channel, and then I met with the prime minister in Ankara. I just got back before that from Kuwait and Dubai, the crown prince of Dubai is my old friend, we look for business opportunities there. I continue to travel the world. I will soon be going back to the Far East.

TVS: So are you still involved in the day-to-day operation?

Sumner Redstone: Yes, well, I leave most of the ordinary decisions to the people who run the companies, and I have always thought you got the best people, and you rely on them, of course the major decisions, they don't take place without my consent.

TVS: Now you are in your 80s.

Sumner Redstone: No, no, no. I am in my 60s, that's a rumor, do not believe it. (Laugh)

TVS: You are always active and energetic, and your schedule even could exhaust those people half of your age. How could you manage it?

Sumner Redstone: I don't, I just, for example, I get up at 5 o'clock every morning, I am on the phone with the east, because it's 8 O'clock in the east. I walk out for 60 or 70 minutes everyday, so I keep myself physically good, fit, I lose a lot of weight, and because you know why, cause they say, thin rats live little longer than fat rats, so I would rather be a thin something than a fat something. (Smile)

TVS: Usually how do you schedule your day? What is your typical working day life?

Sumner Redstone: There's no day that is typical for me, I get up every morning, we run a stock buyback, I'm involved with every transaction, that's into 1 O'clock, 4 O'clock in New York, when the market closes after that, I am usually on the phone, a great deal of the time, then I do workout, keep myself energetic and young. Then at night we go out to dinner, virtually always with people who are associated with our company, like Brad Grey, Sherry Lansing and various associates and friends and children and other producers.

TVS: Do you have time to feed the tropical fish and play piano?

Sumner Redstone: Yes I have time for everything, and have you seen my tropical fish?

TVS: Yes, I saw that when I came in.

Sumner Redstone: Did you go to the room with a big tank? You should do that before you go, I think it is the best salt water collection in the world.

TVS: Do you like the tropical fish?

Sumner Redstone: Yes, I like it, it is a great hobby.

TVS: Many people have asked you the same question, what is your next 5-year plan?

Sumner Redstone: I only plan from day to day. The most important thing to me is that when I wake up everyday, but opportunities do not knock, you have to go looking for them. And I and the others in our companies are always looking for new opportunities here, or in China, or in any place outside the world.

I would like to be a loving father and grandfather

TVS: In your autobiography you mentioned, "to be the national best at any and every thing was your mother's goal for you. Second best was not an option," is that a standard for your children?

Sumner Redstone: It is a standard for me, I don't think I would drive my children as hard as I drove myself, but naturally I would like them to be the best in what they do.

TVS: Are you satisfied with their accomplishment?

Sumner Redstone: Certainly,

TVS: How about your daughter, Shari?

Sumner Redstone: My daughter, of course, is a very accomplished woman, she runs a theater circuit of National Amusements for joint control and as the CEO, she has done a fantastic job, and I admire her very much.

TVS: You know Mr. Rupert Murdoch, hopes that in the future people will remember him as "a person who hopes to and has actually changed the world in a permanent

Paula Fortunato in the garden, Beverly Hills, Los Angeles, 2006

Sumner Redstone and Paula Fortunato , Beverly Hills, Los Angeles, 2006

what happened with Viacom and what happened with CBS.

TVS: Just now you mentioned Mr. Redstone has a passion. How do you interpret this passion?

Brad Grey: As I said, I think he is passionate about his work. He is passionate about whatever he takes on. I don't think he is a big believer, if you have read his book, he is more a believer of instinct than hard work, and he is in a concept of luck. And so he is passionate about what he does and leads to great success.

TVS: Have you learned from Sumner?

Brad Grey: I think to think long term rather than short term. Really think of a long term interest of the company, long term interest of the shareholders, and to trust your instinct.

China is obviously a huge opportunity

TVS: You know Mr. Redstone said that China is a destination for Viacom. It is critical for Viacom's global strategy, does Sumner ask you to do something in China, I mean Paramount.

Brad Grey: Yes. We look to China as obviously a huge opportunity for us. We had a recent experience of shooting Mission Impossible three in Shanghai just last year. What Sumner has said about China, it's a huge priority for not just Paramount but for Viacom as a whole, being very, very meaningful content company that is now a global business, certainly China would be a priority from Sumner's perspective. He's always captured that way. He as you know has been there many times, and has tried to make sure that all the products that we put together Viacom and Paramount is enjoyed in China the same way, it's been seemed to be successful as so many other parts of the world. So it's a priority for all of us.

TVS: You know for Viacom, the major goal in China is to facilitate the exchange. Mr. Redstone said to facilitate exchange for Chinese culture in the rest of the world. Does Paramount have any plan to promote Chinese culture?

Brad Grey: I think from our perspective, we would like to work as closely as we can, and experiment as much as we can, so that we can learn from Chinese culture and bring our voice to China, and vice versa, so that we can benefit our domestic market in the United States and other territories and countries that we are currently in, so we can learn from Chinese culture by way of entertainment.

TVS: How much do you know about Chinese film market?

Brad Grey: I know a little bit about the Chinese film market, but certainly not an expert. And I admire the Chinese film market. I think that there have been some wonderful films.

TVS: Do you think Chinese market is a big opportunity for Paramount?

Brad Grey: Yes, of course. As we discussed, it's an enormous market, and we hope to do much business there, we hope to bring our product to China. We look forward to working with China, to bring our work to China in a very profound way.

Trust your instinct

TVS: Mr. Redstone has said that the very most important part of life is to believe one can influence the world one lives in. How do you think Paramount has influenced people, in what ways and how?

Interviewing Brad Grey Paramount Pictures, Los Angeles, 2006

TVS: How about your result? What I mean is that you know Viacom is quite different from News Corporation, Viacom emphasizes a lot on content, and up to now, Sumner has emphasized that content is king and still king in the digital age. And News Corporation is expanding in a quite different way, then how about your result?

Prof. Joseph L. Bower: Well, that's why in some of our courses we teach the cases next to each other. We'll find out. Now the wonderful thing about business in an open market is we have both. We'll see which one wins. But there are situations where the content has proved to be very powerful and enabled Viacom, and there have been situations where the distribution has turned out to be very important. And News Corp. has done well. I mean certainly News Corp. has been doing a good job.

TVS: You are an expert at corporate strategy. Do you think this strategy for Viacom is right? The content is king I mean.

Prof. Joseph L. Bower: I think that's, the issue is, what the viewer wants is the content, there's no doubt about that. The question is whether the company captures the value, who gets the value, the distribution channel or the producer of the content. And that's a fight, and it's going on all the time. What's happening is that established ways of doing things are being changed by the internet.

TVS: Do you think that the internet has any influence on the traditional media?

Prof. Joseph L. Bower: Huge. Because first of all a lot of advertising is moving over to the internet. We can Google, Right now, Google is just taking intellectual property right, and not paying for it. So that's a real challenge to the producers of content, and we don't know how that will play out. But over the next two or three years we are going to see big fights.

TVS: These are good topics to talk with Summer. Did you talk about the internet?

Prof. Joseph L. Bower: Sure. We have just said he said

Interviewing Prof. Joseph L. Bower Harvard University, Boston, 2006

you know we will see how it works, but we are going to have to do something.

TVS: But you know for Sumner he still thinks that internet is a kind of extension of the traditional media, it's not a challenge, or not a threat to traditional media. Do you agree with him?

Prof. Joseph L. Bower: I think he is right if a way can be found to protect his intellectual property. If he can protect the content, then he's right. If not, then it's a big problem.

Sumner is good at attracting talents

TVS: Twenty years ago Sumner bought Viacom and after that year he has made three successful acquisitions. You know it's easy to buy a company, but it's not easy to turn your expense into profit. How do you think Sumner could make it?

Prof. Joseph L. Bower: Sumner is good at attracting very talented people and then supporting them. And he is basically the people who have run his companies have been there for a long time, which is unusual in old industries. And if you talk to them, they say that he is a remarkable person that works for, because if you want resources he'll give it to you.

TVS: Do you think this is the key reason for him to be successful?

Prof. Joseph L. Bower: It's one of the two or three.

TVS: How about the other two or three?

Prof. Joseph L. Bower: He's willing to take risk, and he's extremely intelligent, and he will really fight. If we go back to what I was just describing, he has severe threat from Time Warner and from TCI, John Malone, and he fought anti-Trust suit, against them in order to protect his access to the consumer. He is a fierce fighter, and that's been very important.

TVS: From your point of view of management, what do you think we can learn from Sumner and his company?

Prof. Joseph L. Bower: Good question. I think two kinds of things. One is that when you are running a large organization, you have to have very good people working for you, running the pieces and you have to back them and give them support. Second which is almost the opposite, there're times when the world is changing, when things are happening, when there are opportunities, and you have to move fast and decisively. You can't have committees study things forever. And Sumner is willing to move, to step in and move, and he has done really dramatic things.

Sumner is a good entrepreneur

TVS: Do you think Sumner is a good CEO?

Prof. Joseph L. Bower. He has certainly been an effective CEO. When you say good, it's hard to say. I think he's been a very good entrepreneur.

TVS: Then you don't prefer to use good "CEO", why?

Prof. Joseph L. Bower: Chief executive has all kinds of connotations, and Sumner is, in a sense, he has chief executives who work for him. I prefer to think of him as an entrepreneur who is developing a group of companies.

TVS: This time we talk about the split of Viacom, then how do you think this split?

Prof. Joseph L. Bower: Well, it's really interesting. I think it's two things. I think it's Sumner deciding that whatever

Sunset Avenue, Los Angeles, 2006

value there, was from the cooperation of different parts of the business with each other, he could get that without them being inside one company. I think his view also very clearly is that the capital market didn't appreciate what Viacom was doing and by splitting them he could get them to understand better what they were doing. We see a lot of examples of that, where companies, for example, why do companies use tracking stock, essentially they show the market what the pieces are, so that they are not confused.

TVS: How do you think from your point of view of Viacom's management?

Prof. Joseph L. Bower: I think in this instance he had two great managers in his field. He had Tom Freston, he had Leslie Moonves, and a good way of using that talent was to give them each something to run. That's what he did.

TVS: Sumner has fired Tom Freston.

Prof. Joseph L. Bower: I think he came to the conclusion that Freston was not fulfilling the chief executive role at Viacom the way he had hoped and the way he thought he would do it.

TVS: And do you think the split, I mean, how do you comment on the split, I mean, from the point of view of management. You know, Sumner you know he wants to achieve a high price in the stock, but that's not the only reason. And you study the case, use Viacom as a case, then you study maybe I think you should get some result from the development of the company.

Prof. Joseph L. Bower: Well, we have just begun together all the information, so there's a certain logic to split into pieces. It's a very unusual company in that National Amusement owns a majority of both of them. So the legal structure says it's two companies and then they have stock on. Both of them have stock on the market, and each has a president, and that's fine. Sumner is the chairman of both. If he changes his mind, he can change it again. If you ask me, is this a better way to run it, we have to see what it means for running those two businesses. Generally we believe that if you have a business, if it makes sense, if the pieces make sense, yes, you want to give it to someone and let him run it. You don't want to interfere.

TVS: In order to exploit the economies of scale and scope, during 1980's and 90's, there was a wave of acquisitions. But that the bigger the better is still a question, is that true to Viacom?

Prof. Joseph L. Bower: I guess what I'm trying to say is if you look at General Electric, General Electric is huge, much bigger than Viacom. It has big businesses. And the relationship between those big businesses and the owner is that of headquarters to subsidiaries. Over Viacom we now have two separate companies with their own stock. That I think had more to do with the way they are financed than the way they are managed. But the truth that matters is that there may be two separate companies, but they have one chairman.

TVS: Yes. Do you think the split of Viacom has been an enlightenment on other companies in the media industry?

Prof. Joseph L. Bower: We'll find out. I mean I think they are looking at it. What we know is that the pieces of Murdoch's group tend to run pretty independent. But Murdoch is very powerful force of the centre. We know Disney has tried to run a more, he runs his business as inter-related pieces, more of the one-company company. This thing plays out over time. We are not dealing with science.

TVS: Yes. You know family businesses are by no means doomed to fail. But sometimes there are problems indeed. And then what do you think family businesses

should pay attention to during their development?

Prof. Joseph L. Bower: First we know in the United States many of our most successful companies are basically family, family controlled, family led. The central issue is separating ownership and management. In order to have real success, the management has to be able to develop itself, and without the interference of the family. But it turns out family ownership is a wonderful thing for encouraging a long term perspective. And there are managers who love to work for family, dominated organizations where the family is a good owner, is a steward owner, and they can get on with managing the business. We'll see so that in these organizations, the biggest problem is then, if assuming they're performing well, is succession.

TVS: Could you use a brief sentence to describe Sumner as the conclusion of this interview?

Prof. Joseph L. Bower: Sumner is an earth force. He has tremendous willingness and desire to use his energy to build a very important media company, and he is going to do whatever takes to do it.

03

Global Expansion and Local Media's Surviving

South Street Seaport, New York, 2006

A World of Blurred Media Boundaries

by Joseph Turow

When researchers try to understand how media companies act in certain ways rather than others, and why some succeed better than others, the researchers often focus on the factors in the environment that seems to be affecting the companies. Sometimes, the researchers will discuss the history of the companies and their cultures as explanations for their behavior. Rarely, however, do academic researchers focus on the role of important executives in setting outlooks and goals that lead the firms in certain positive or negative directions. Yet if we look carefully at the history of large media companies we see that individuals such as Louis B. Mayer, Robert Sarnoff, William Paley, Steve Ross, Gerald Levin, Ted Turner and Rupert Murdock shaped not only the fortunes of their companies, but the fortunes of their industries. Sumner Redstone is clearly one of those leaders.

Joseph Turow
Robert Lewis Shayon Professor
and Associate Dean for Graduate Studies
Annenberg School for Communication
University of Pennsylvania

Under the permission of Prof. Joseph Turow and Routledge, the contents of this chapter are extracted from Chapter 5 of Media Today: An Introduction to Mass Communication written by Joseph Turow.

Each industry has its own way of doing things, its own approaches to production, distribution and exhibition.

Yet, if we want to understand how the mass media work today, there is also a good reason for thinking of the mass media industries as related rather than separate. Top media executives certainly think of them as related. Those executives point out that the boundaries of media industries are becoming increasingly blurred. That is, it is getting more and more difficult to know where the movie industry ends and the television industry begins; where the Internet industry ends and the newspaper industry begins; where the advertising industry ends and the public relations industry begins, and so on. Materials that are created for one mass media industry are increasingly showing up in others in one form or another. The Harry Potter series, for example, has moved from its original format as a book to the advertising poster, the movie screen, the website, the soundtrack, the action figure, the DVD, and the television among other things.

"Wait!" you may hear yourself saying. "These kinds of cross-media connections have been going on for decades. Instead of My Little Pony and Wubbzy, my parents and grandparents had Howdy Doody and Bullwinkle stuff that crossed media: from TV to movies and toys and lunch boxes, comic books, and posters. Has anything really changed? Hasn't this always been a standard part of the mass media world?" Good question. A glance back in time does reveal that media industries have always interacted. Still, what is happening at the start of the twenty-first century represents a major change. Within the past fifteen years, the quick movement of all sorts of materials across a variety of mass media industries has become critical to the financial health of virtually all types of media firms.

Six Current Guiding Mass Media Trends

Six related trends describe the mass media world at the beginning of the twenty-first century:

- Media fragmentation
- Audience segmentation
- Distribution of products across media boundaries
- Globalization
- Conglomeration
- Digital convergence

Mass media executives see media fragmentation and audience

Biography

Joseph Turow is Robert Lewis Shayon Professor of Communication and Associate Dean for Graduate Studies at the University of Pennsylvania's Annenberg School for Communication.

Research on cultural industries, especially at the intersection of new media, marketing and society. Studies on database marketing, media and privacy, the process of innovation in the mass media, and the relationship between media and the medical system.

A 2005 New York Times Magazine article referred to Professor Turow as "probably the reigning academic expert on media fragmentation." He has authored eight books, edited five books, and written more than 100 articles on mass media industries.

segmentation as special challenges that force media producers to move materials across media outlets in search of profits. And they see digital convergence, conglomeration and globalization as potential solutions to the difficulties of cross-media distribution while also adding to their ways of maximizing profit.

Media Fragmentation

The term media fragmentation refers to the increase in the number of mass media and mass media outlets that has been taking place during the past two decades. During the past thirty years, we have seen skyrocketing growth in mass communication via cable TV, UHF TV, VCRs, the personal computer, telemarketing, DVDs, out-of-home media, and the Internet. Of course, along with the growth of these media, we also saw the growth of mass media outlets. That is, the number and variety of particular media sources in the United States have skyrocketed. They now include, for example, tens of cable networks, many independent television stations, and millions of personal computers with technology connecting them to the outside world.

The process isn't stopping. As you read this, companies are working to find even more ways to distribute and exhibit news, information, advertising, and entertainment in as many places as possible, with substantial consequences for the way executives think about media industries. For leaders of long-standing firms, the changing world poses major challenges.

Audience Erosion

The most far-reaching of these challenges is audience erosion. Audience erosion refers to a decrease in the percentage of the population using a particular mass medium (such as newspapers in general) or a specific media outlet (such as specific newspaper). Strictly speaking, audience erosion may happen for many reasons. Readers of a magazine may not like the stories it features anymore, or they may stop buying it because the company decides to charge a higher price. Similarly, a TV network may lose a lot of viewers if those viewers find that the programming of a network's competitors is more interesting.

When most media executives talk about audience erosion, though, they mean erosion that is taking place because of media fragmentation. The dramatic increase in the number of media and media outlets has given people more choices for news, entertainment, information and education. That has led to declines in audiences in many media industries and for many media firms.

The most important erosion of magazine and radio audiences began before the 1980s, as a result of the commercial introduction of television in the 1940s and (for AM radio) FM in the 1960s. Movie producers have also noticed that the number of tickets sold at theaters in the US has been flat for many years, even though the population has grown substantially.

From the 1980s onward, though, media and advertising practitioners have had a sense that the audiences for all media are eroding at an increasing pace. Much of that sense undoubtedly has to do with the startling, dramatic splintering of audiences for broadcast television. From the late 1940s until the early 1980s, ABC, CBS, and NBC consistently received 90 percent of the evening ("prime-time") audience, according to the Nielsen audience ratings company. To put it differently, fully 90 percent of all those watching television were tuned to one of the broadcast networks. By the mid-2000s, though, the three-networks' "share" had slid to about 51 percent--that's a 54 percent drop. According to Nielsen, the missing population could be found at the relatively new FOX network (which had about 13 percent of the audience); at the smaller, newer broadcast networks (for example, the CW and Univision); and at cable networks, DVDs and videogames..

Today, for many broadcast network executives, and

certainly for many leaders of the radio, magazine, book, newspaper, and movie industries, the goal is not even to try to attract "everybody." It is to define and hold an audience niche--to earn the loyalty of specific portions of the population and hold onto them while other companies in the fragmenting media world try to attract other groups.

Media fragmentation and audience erosion have therefore mobilized media executives to think about their desired audiences more carefully. That has led them to engage in audience segmentation.

Distribution Of Products Across Media Boundaries

Traditionally, understanding mass media has meant seeing the newspaper, book, broadcast, radio, recording, and other mass media industries as separate worlds. A couple of decades ago, this approach was reasonably accurate. The difficulty with it today is that the boundaries between various mass media industries are blurring tremendously.

Executives routinely create products for use in a number of mass media. Newspaper companies, for example, are increasingly moving their reporters' work—and even their reporters—to cable TV, broadcast TV, computer software, and the World Wide Web. People in "the film business" also know that it is becoming more and more difficult to determine where the film industry ends and where a host of other industries begin. Contemporary movie companies support their creations when they cross media boundaries with their materials by propelling them far beyond theaters through deals with the broadcast television, cable TV, home video, satellite TV, toy, book, and recording industries, among others.

Exactly what does the phrase cross media boundaries with their materials mean? It means creating content that can be used and appreciated in different media. As an example, consider the movie Enchanted. The Walt Disney Company, which provided most of the money for the film and distributed it, released it to U.S movie theaters during the summer of 2007. But Disney had no intention of limiting the showing of the movie to theaters. Instead, Disney saw the theatrical release of the motion picture as the first step in a marketing effort to place the film in a variety of media. These included pay-per-view television (as in hotels), digital video disks (DVDs), videotapes, pay cable television (for example, HBO), and regular broadcast TV (on Disney-owned ABC, no doubt).

As this example shows, crossing media boundaries sometimes simply means transferring the exact same content to other media. Other times, though, it involves transforming the content so that it will fit the medium or the audience for that medium. An audio CD of Enchanted's songs is an example. So is a book (actually, there were three age-appropriate versions), a video game and a web site based on the movie.

The need to cross media boundaries is related to two major goals. The first is to cover the costs of production and extend the revenue possibilities. The second is to make a substantial proportion of the target audiences in a variety of media locations aware of the material's existence. Marketing executives call that achieving good share of mind.

Reasons for Crossing Media Boundaries: Covering Costs

There was a time not too long ago when media companies could cover all their costs of doing business by concentrating on one medium. Book companies that aim at general public could put out the works of popular novelists and hope to make a worthwhile profit from the hardback version. Even major movie companies, which have always spent a lot of money on their productions, assumed that they would make back their costs during the theatrical release of their motion pictures in the

United States. Money from anywhere else—outside the United States, television—was easy profit.

This expectation of making a profit by releasing content in one medium no longer holds for many mass media firms; their costs have simply gotten too high. In the book industry, for example, well-known authors often get advance payments in the millions of dollars by pitting book publishers against one another in bidding wars for their manuscripts. In the movie business, salaries of stars and directors that can soar far above $20 million and the enormous cost of marketing a film make it highly unlikely that the tickets that U.S. audiences buy will lead to a profit.

One popular solution to the problem of profitability has been to try to increase revenues by moving the content across media. Different media industries have tended to address this challenge in different ways.

Reasons for Crossing Media Boundaries: Achieving Good Share of Mind

A media product will be successful only if the product's target audience learns about it and thinks about it. Marketers refer to getting a substantial percentage of their target audience to think about their product as achieving a good share of mind. Think about what happens when a company moves a mass media product across media outlets: More people get to notice the product's existence—and get to notice it more often—than if it just stayed in one medium. That exposure can help business. The idea is a basic one: If you see that a film is playing in many theaters, even if you don't pay to see it in the theater, you might pay to see it when it hits another window—the home-video release, or the pay-per-view showing.

But achieving good share of mind—making a substantial proportion of the target audiences in a variety of media locations aware of the material's existence—requires a lot more than simply getting people to notice a product as it moves in its entirety through a number of windows. In the highly fragmented and competitive media environment, executives have concluded that they must chase target audience segments across as many exhibition outlets as possible in order to convince them to see a movie, watch a TV show, or read a book or magazine. That is why, for example, you see movie stars appearing on morning talk shows, evening celebrity shows, and late-night talk shows just before their latest films appear in theaters. These stars are also on the covers of magazines that cater to the films' target audiences. Pick just about any major movie that has just come out and you will see the pattern repeated.

During the past couple of decades, mass media executives have learned that they must use a wide variety of mass media for advertising and public relations activities to make their target audiences aware of their products. Some of this activity involves standard advertising and public relations activities—putting a commercial on TV, or trying to get your movie discussed on Entertainment Tonight. But many mass media production and distribution executives go further. They use the licensing of creative rights as a way to publicize their mass media products while making extra money on the product.

Examples include Harry Potter toys, Star Wars sweatshirts, and Shrek lunch boxes. Media executives view such paraphernalia as more than just a fun thing for people to buy. These items remind consumers of their interest in the movie and provide them with a continuing reason to pay for Star Wars movies, books, home videos, and cable showings. Media executives use the term brand to describe products such as South Park, American Idol, and 60 Minutes. By brand they mean a clearly identifiable image that attracts target audiences over and over again. Executives believe that they can extend the life of a powerful brand over many years by achieving the right kind of publicity and combining new products with reissues of old ones. That strategy amplifies the ability of the product to contribute to the

company's bottom line.

Media executives use the word brand to refer to media outlets as well as individual products. The owners of media outlets such as Cosmopolitan, MTV, and Paramount stress to advertisers and consumers that these names do not just stand for a magazine (in the case of Cosmopolitan) (NEED COMMA) a cable channel (in the case of MTV), or a film company (in the case of DreamWorks SKG). Instead, the owners of these outlets say, each of these names stands for a certain personality, a certain kind of content, and a certain type of audience, no matter where the name appears. So, Cosmopolitan will be recognized as the Cosmopolitan brand whether it appear on a magazine, on a book, or on cable TV, and MTV's image crosses media from cable to clothes to books to music. Executives believe that such cross-media branding is increasingly necessary to keep existing advertisers and audiences and to get new ones as sponsors and consumers scatter to different channels.

Globalization

In the face of media fragmentation, audience erosion, and the need to move materials to more outlets in order to increase revenues, U.S. production and distribution executives have been looking to markets beyond those in America—to the global marketplace—as a way to solve their revenue problems.

It's not as if U.S. mass media firms have been ignoring the rest of the world until now. On the contrary, the movie, recording, radio, television, book, and magazine industries have all—to some extent—been distributing their products internationally for a long time. However, during the first three-quarters of the twentieth century, "going global" meant taking materials that had already generated profits in the United States and adding to those profits by selling them elsewhere.

Today, a new mindset about the world outside American borders has emerged. Its logic is as follows: Media fragmentation and audience erosion make it difficult for mass media distributors to reach the huge audiences they would like in the United States. Producers' use of audience segmentation to attract advertisers or cultivate consumer loyalty also inevitably lowers the number of American consumers that go to the producers' products. Global consumers are a way to make the audience larger.

Rather than simply being a place to pick up extra money from products that have already made their profits in the United States, then, countries around the world should be viewed as part of the initial marketplace for these mass media materials. The potential market thereby becomes huge, even in the face of audience erosion. Moreover, the world's population potentially provides producers and distributors with larger audiences than ever for targeted, niche materials.

For media critics, there are two questions about this approach that particularly stand out. First, who's to say that there are audience segments outside the United States that have tastes similar to those of Americans? Second, don't those parts of the world that have strong and growing consumer economies—Europe, Asia, and Latin America—have their own mass media firms that create materials aimed at their own consumers?

In order to answer these questions, we must first realize that much of the U.S. media business is already highly global at its core. The importance of the world market has become so strong that during the past quarter century many major mass media firms based in foreign countries have bought important U.S. media holdings. As illustrated below, the Sony Corporation, headquartered in Japan, owns Columbia Pictures and Sony Music. Rockstar, a major videogame company (the Grand Theft Auto series is one of their achievements), is based in the United Kingdom. The German firm Bertelsmann owns the Random House and Doubleday book publishing companies.

The Global Nature of U.S. Mass Media Ownership

Bertelsmann

(Germany)

Books: Selected U.S. Holdings

- Random House
- Doubleday
- BantamDell
- Ballantine
- Crown Publishing Group
- Fodor's
- Knopf

Magazines: Selected U.S. Holdings

- American Homestyle
- Family Circle
- Fast Company
- Inc.
- McCall's
- Parents
- YM

Music: Selected U.S. Holdings

- Arista Records
- RCA Records
- BMG Music
- Bad Boy Records
- LaFace Records
- Windham Hill Group

Multimedia: Selected U.S. Holdings

- Barnes&Noble.com
- Cdnow.com
- Lycos
- BMG Direct
- Tripod

SONY

(Japan)

TV and Film: Selected U.S. Holdings

- Sony Pictures Entertainment
- Sony Pictures Classics
- Columbia Pictures
- TriStar Pictures
- Columbia TriStar
- Columbia TriStar Home Entertainment
- The Game Show Network
- Jim Henson Productions
- Mandalay Entertainment

Music: Selected U.S. Holdings

- Columbia Records
- Epic Records Group
- Sony Classical
- Legacy
- Nashville
- Sony Wonder
- Sony Music Video (SMV)
- Word Entertainment
- Columbia House

Multimedia: Selected U.S. Holdings

- Sony Online
- Sony PlayStation
- The Station@sony.com
- Columbia TriStar Interactive

1) Worldwide Tastes in Media Versus American Media Tastes

Consider the first question, which raises the problem of finding audience segments that have tastes similar to those of Americans. Recording companies have decided that they can't, in fact, take it for granted that people throughout the world share American tastes. Tastes in music are often vastly different within each country, let alone worldwide. But the costs of producing a CD or selling digital copies through iTunes are so relatively low that it is often quite profitable to pursue audience segments within a country. Consequently, even the biggest firms have split themselves into different subsidiaries that concentrate on different parts of the world and funnel the profits back to the home office. At the same time, executives in these subsidiaries are on the lookout for musicians or acts that have the potential to be worldwide successes.

Consider the example of the cable television programmer MTV, a subsidiary of Viacom. MTV boasts that it is "the leading multimedia brand for youth the world over," with a channel in 164 countries and territoriesMTV has the divisions for the US as well as for Africa Brazil, Canada, China, Europe, Germany, India, Italy, Japan, Korea, Latin America, Russia, Southeast Asia, and UK/Ireland. The company estimates that about 419 million television homes in the world now have access to one form of MTV or another (. In taking its product to other countries, MTV says it strives to strike the right balance between sending the same product globally and paying attention to local tastes. The company notes that it "tailors its channels to local cultural tastes with a mixture of national, regional and international artists, along with locally produced and globally shared programming." For example, the company says that its African subsidiary, called MTV base, "plays a minimum of 30% African music content, drawn from all over Africa, with a minimum of 4-6 African music videos played every hour. Music genres include Afro-Beat, Dancehall, Kwaito, Hip-Life, M'balax, Zouk and Coupe, Decale, alongside international genres like Reggae, Hip-Hop, R&B and NeoSoul."

Traditionally, the U.S.-based movie industry has taken a very different approach. Rather than making different films for different parts of the world, the major producer-distributors (often just called "the majors") actively look for themes, plots, and actors that will play well around the world. Movie industry executives have concluded that this often means action films with huge special-effects budgets, internationally popular stars (like Arnold Schwarzenegger or Jackie Chan), and little important dialogue so that people don't have to know English, or even read subtitles, to understand the action. The advertising industry runs the gamut from global to regional to local planning of ads. In television, program producer-distributors typically try to sell U.S.-made shows to other countries. Often that makes up the difference between the money U.S. television networks pay them to air the shows and the money it costs to make individual episodes. In 2006, for example, new US series cost an average of $2.75 million an episode, and the US networks paid the production firms about $1.5 million per episode; foreign returns helped fill in the rest. Smaller production firms, especially those working in cable, have tried to get sufficient funding for their work by lining up cable, satellite, and broadcast outlets, some American and some not, that will pay at the start for the right to show it. For their part, U.S. cable network executives who want to extend to brands to other countries have been adjusting their programming (and its language) depending on the countries they want to reach.

2) Local Media Organizations vs. Global Media Organizations

At the same time that they are distributing their American products to countries around the world, major U.S. media organizations are acutely aware that their international

presence angers local media production organizations in other countries. These organizations worry that locally made films will be swept aside at the box office by the Hollywood behemoths.

For their part, executives from the U.S. media organizations worry that this anger will result in laws restricting U.S.-made films or prohibiting the majors from building multiplex theaters in other countries. But they also see a plus side to international politics. The tax laws of some countries allow movies to be produced much more cheaply than in the United States. U.S. firms can get some of those tax benefits if they take on production partners from those countries and make movies there.

Because of these concerns and opportunities, major US-based movie production firms such as Warner Brothers and Columbia Pictures have begun to fund and produce some films specific to particular areas of the world—France and India, for example—that seem to have a good chance at making a profit in those countries but might have relatively little interest for Americans. In addition, the major U.S film producers have been getting more involved than ever in international coproductions. A coproduction is a deal between two firms for the funding of media material. So, for example, Warner Brothers may collaborate with Roadshow Pictures of Australia in the financing of a movie. The two companies would split the costs and perhaps the distribution duties. They would also split the profits between them.

In addition to coproductions, the major firms are also engaging in more international pickups than in the past. A pickup is a film that is not produced by a major firm but that a major firm agrees to distribute in the United States or other areas of the world. The increase in international pickups means that the major firms are agreeing to distribute more and more films made outside the United States with non-American casts.

To mass media executives, the goal of their global activities is to lower their risk of failure by making sure that they control as many distribution and exhibition routes as possible to the largest audiences. As we have seen, that is the goal of their activities within the United States, as well. But this goal creates a key issue for production firms: What happens if competitors who have control of distribution and exhibition routes in the United States or around the world refuse to pick up their products? Fear of this nasty predicament is what has led to the next trend, conglomeration.

Conglomeration

A conglomerate is a company that owns a number of different companies in different industries. A mass media conglomerate is a company that holds several mass media firms in different media industries under its corporate umbrella. Mass media conglomerates are not new. What is relatively new is the approach to them that their corporate leaders are taking.

Until the 1980s, the executives who ran media conglomerates typically did not require the different parts of their firm to work with one another. To them, the value of owning magazines, TV stations, music labels, and the like lay in the ability of each business to generate profits separately for the parent firm. But even then there were exceptions to this rule. As early as the 1950s, Walt Disney used his theatrical movies in his TV and theme park subsidiaries. The animated film Snow White appeared both in movie theatres and on TV's Disneyland series. The name of the series promoted the Disneyland amusement park, which, in turn, promoted the film Snow White and other Disney films and characters in many manifestations—dolls, posters, and other merchandise. But Disney's elaborate cross-subsidiary activities had few imitators for decades.

Things began to change in the 1980s for a number of reasons. One was simply that top media executives and financiers got caught up in the greedy merger-and-acquisition mania that swept through corporate America during that decade. An even more intense period of combinations took place during the mid-1990s. The multibillion-dollar linkages between such companies as

Time and Warner and then between AOL and Time and Warner, Twentieth Century-Fox and News Corporation, Sony and Columbia, Disney and ABC, and CBS and Viacom raised serious questions even while they were taking place:

- Were these deals worth the huge amounts of interest on the loans that helped them get off the ground?
- Were they worth the huge fees to lawyers and investment bankers?
- What would they bring to the corporation that justified the extraordinary cost and effort of forming the new companies?

In response to sometimes skeptical Wall Street investors, the chief executives of these and other companies contended that they saw the media world evolving in a way that required them to have holdings in several mass media industries if their companies were to remain major players in the next century. Their argument went something like this:

Audience erosion is inevitable in established media as the fragmentation of old and new media channels takes hold. At the same time, the rising costs of producing content for these media require an ability to make the money back across a variety of sponsored and unsponsored windows in different media industries. Crossing a variety of media outlets is also necessary for getting the proper share of mind for the content and demands publicity that will lead the target audience to the theaters, videos, TV shows, books, magazines, Web sites, and theme parks that recycle the material in one way or another.

The danger for a media firm is that its competitors will prevent it from accessing the distribution and exhibition outlets that it needs if it is to carry out its revenue-generating mission. True, we can make agreements with other firms that allow us to use outlets owned by them on the condition that they can use our outlets. Ultimately, though, a company's destiny in the new media world will be determined by its ability to own, alone or with others, the distribution and exhibition outlets that it needs in order to reach its audiences. Perhaps ten or fifteen companies from around the world will achieve this power. We want to be one of them.

As this imaginary speech suggests, top executives for mass media conglomerates argue that they have to take bold steps if they are to be major players in the next century. They have to move beyond encouraging the subsidiaries of their conglomerates to seek profits independently.

Recall that we have used the term vertical integration to describe an organization's control of a media product from the production of content through its distribution and exhibition. Vertical integration is now legal in the TV industry and, to a certain extent, in the theatrical motion picture industry. In circumstances where vertical integration hasn't been legalized (as was the case in the movie and broadcast TV industries until recently), companies have tried to grab control of two of the three stages—production and/or distribution and/or exhibition—to keep their industry clout.

What the leaders of media conglomerates urge today is horizontal integration in addition to as much vertical integration as possible. Horizontal integration has two aspects. First, it involves the ownership of production facilities, distribution channels, and/or exhibition outlets in different, even potentially competing, companies across a number of media industries. Second, it involves bringing those parts together (integrating them) so that each can profit from the expertise of the others.

Digital Convergence

Convergence means coming together. Digital convergence refers to the use of computer technologies to allow different media to share the same or similar materials. Digital convergence is a remarkable development that is changing the way in which media firms do business and the way in which audiences use media. It is also encouraging and accelerating

the blurring of media boundaries and the development of conglomerates that move materials across those boundaries. In the process, it is creating public controversies and forcing both government officials and companies to rethink their models of media in society.

When people use the word digital, it is a quick way of referring to the use of computers. Computers use digits—1s and 0s—to carry out their functions. Of course, people who program computers have learned to manipulate these digits to produce an astonishing array of possibilities. Today, computers are central do much of what people in industrialized societies do every day. If you go to the bank, shop at the supermarket, or even drive in your car, you are coming into contact with computers in one way or another.

During the past two decades, virtually every media industry has found it efficient to use computers in the production of its products. Book, magazine, and newspaper publishers regularly use computers for the creation of material, the creation of formats, and the printing of the final product. Computers are used quite commonly in movie and television production for such activities as title production, editing, and special effects. Although much of the photography for prime-time television and theatrical movies is still film-based, directors and cinematographers are steadily moving toward the use of digital movie cameras. Digital still photography has certainly become an important part of the outdoor advertising (i.e. billboard) industry, which uses computers to create those wall-size posters and bus-wraps that are showing up in many parts of the country.

Just as significantly, the use of computers is also showing up in the distribution and exhibition of traditional mass media products. The New York Times and the Wall Street Journal have for a long time sent digital copies of their papers to printing plants in different parts of the country so that the papers can be printed and circulated there. Public relations firms send e-mails and post videos on websites to communicate with members of the press and other media. Music companies release digital recordings of their latest artists exhibition outlets such as iTunes, Rhapsody and Napster. The major movie distributors have experimented with the satellite delivery of computerized versions of movies that could then be projected on the screen through special digital projectors.

Because of digital convergence, media are converging like never before. The reason is quite basic: Once mass media materials are converted to digits, they can be transformed into almost any form imaginable. Words that were intended for the printed page can also be used for a website, a database, or a CD-ROM; they can even be used in a voice recognition system that can read the words. Movies intended for the big screen can (given fast computers, enough data compression, and the proper memory chips) be shown over the Web or transferred easily to DVDs. Parts of films can also be used in the creation of digital video games. The music from digital movies can also be used in such games, and it can be moved from the soundtrack into CDs or onto the Web.

Media Literacy: Taking A Critical View Of Blurring Media Boundaries

We have seen that the continual flow of new digital technologies poses major opportunities and challenges for global, cross-media giants such as Viacom, News Corporation, and Time Warner. The enormous changes that we have sketched in this chapter also challenge us as citizens to ask what they mean for society.

Many people worry that a few huge media conglomerates are causing problems because of their substantial power within and across many important media industries. The often-used phrase conglomerate power reflects a fear by some in the United States and around the world that a few large media corporations are accumulating sufficient

assets to allow them to dominate the major channels of mass communication. They argue that giant corporations with interests in a number of media industries use internal synergies and joint ventures to spread their content efficiently across as many media as possible. They point out that in addition to using well-recognized mass media such as broadcast TV, cable TV, home video, theatrical movies, comic books, newspapers, magazines, radio, and books, these firms are turning to the World Wide Web, theme parks, toys, clothes, and a huge variety of other outlets to spread the word about a firm's new creation.

Overall, investment experts who follow media companies agree that we are now rapidly moving toward a time when no more than ten to fifteen companies will control the most prominent channels of production, distribution, and exhibition of content in the world. This consolidation does not mean that the media giants will have exclusive access to the public; they will undoubtedly make deals with other companies to distribute and exhibit those companies' material as well. Moreover, it is likely that many individuals and small companies will have the ability to post textual and audiovisual materials on the web for virtually anyone to notice. The giants will, however, become the major gatekeepers to the public across a wide swath of media. In order to reach either huge, mass-market audiences or relatively small, targeted audiences in the surest, most efficient ways possible, one will have to utilize the services of Time Warner, News Corporation, Viacom, CBS, Disney, or one of a few other huge firms.

We are not far from such a situation today. Some observers, such as journalism scholar Ben Bagdikian, argue that the number of firms dominating U.S. media has already dwindled to six. It's rare to see a theatrical movie do well if it isn't distributed by one of the majors or their subsidiaries (such as Disney's Miramax). Most bestsellers in the book industry come from a handful of publishers (such as Random House's publication of John Grisham or Danielle Steele novels). Just a few companies own the cable and broadcast channels that reach the vast majority of people. The same is true in the magazine, home video, and recorded music industries. Moreover, Time Warner, Disney, News Corporation, Viacom, Sony, and Bertelsmann are each top firms in a number of these industries. Through alliances, General Electric (which owns NBC-Universal), Microsoft, CBS, and a few other conglomerates also have been able to command huge global audiences in several media domains.

Notes

1 Cited in Joseph Turow, Breaking Up America (Chicago: University of Chicago Press, 1997), p. 64.

2 Simon Barker-Benfield, "Clustering Consumers not an Exact Science, but 'Generalizations Work' in Marketplace," Florida Times-Union, accessed at http://www.jacksonville.com, Monday, August 21, 2000. http://www.jacksonville.com/tu-online/stories/082100/bus_3737001.html.

3 Charles Pappa, "Fun Times on Business Front; Led by the Editor Who 'Gets It,'

'Fortune' Soars with Cheeky Copy," Advertising Age, March 12, 2001, p. S-10.

4 Cited in Joseph Turow, Breaking Up America (Chicago: University of Chicago Press, 1997), p. 123.

5. Ibid, p. 75.

TVS Survives the Locally International Competition

As one of the provinces on the national pilot program in institutional restructuring of its cultural industry and the only one in China to date opening up its market to overseas TV media, Guangdong is one of the few regions across the country with the fiercest competition in television media. Guangzhou, a major metropolitan city in South China, has long been seen by overseas TV media as the gateway to the Mainland Chinese market. In their initial penetration, overseas TV media, those from Hong Kong in particular, dominated the Guangdong market for a long period for their better programs all broadcast in Cantonese and flexible adaptation to localized tastes. In 1999, according to AC Nielsen, overseas TV channels occupied 72.5% of the overall market share in Guangzhou. To change the situation, local stations in Guangdong have in the last few years applied various strategies such as localization, differentiation, resource integration and regional synchronization. Year 2004 saw a turning point in audience ratings: monthly ratings from domestic channels in October 2004 for the first time exceeded those from overseas. In October 2005, for the first time the two major locals—Southern Television Guangdong (TVS) and Guangdong Television (GDTV)—outperformed the Hong Kong-based TVB and ATV, the two most powerful overseas players of the market, by combined television audience share of 32.4% versus 30.3% respectively, thus ending the twenty-strong years' dominance of the market in Guangzhou by Hong Kong TV media. In 2006, market share by all overseas TV media combined fell to 34.9% while domestic ones rose to 65.1%. In the past years since its birth on December 20, 2001, TVS, one of the youngest provincial TV stations in China, has carried out a host of restructuring measures aimed at organizational optimization, business process reengineering, market repositioning, differentiated competition and branding and become the premier players in Guangdong with the fastest and biggest growth in audience ratings, capable in the position to compete against overseas TV stations.

I. The Competitive Environment and TVS Overall Competitiveness

A. Competitive environmental analysis of the TV broadcast market in Guangdong

By the end of 2006, 41 of the total 61 nation-wide satellite TV channels have had their foot print in Guangdong and 9 overseas channels have entered its analog TV broadcast network, making the market ever more keenly competitive in this region.

In compliance with the policy of merger between terrestrial and cable stations by the State Administration of Radio, Film and Television and with its official approval, Guangdong Cable Television Station and Guangdong Commercial TV Station merged into the current Southern Television Guangdong (TVS) in 2001, joining Guangdong Television Station (GDTV) as the two provincial TV broadcasters. Since its very birth, TVS has been faced with fierce market competition.

1. Competition from national and other provincial satellite TV channels

Among the 65 channels that audience in Guangzhou can view, 56 are from the Mainland: 9 from national CCTV, 6 from GDTV, 5 from TVS , 8 from Guangzhou TV Station and 28 satellite channels from other provinces. In 2006, the market share in Guangzhou by the 9 CCTV channels were 8.8% while the 28 satellite channels from other provinces, probably because of divergent regional culture and unfocused program positioning, covered only 6.7% in total. Among them, the Hunan and Anhui channels performed slightly better, covering 1% and 0.7% of the market share respectively. Elsewhere across the Guangdong province with the rural areas included, audience share in 2006 by the satellite channels from other provinces was a little better than in Guangzhou. Obviously, national and satellite TV channels from other provinces have taken certain market share in Guangzhou, constituting some competitive pressure, yet the most aggressive competition and challenge come from those overseas channels.

Unless otherwise stated, the statistics used here all come from ACNielsen Market Research Inc. (and AGBNielsen Media Research Inc. after 2004).

Starting in 2001, nine overseas TV channels have been approved by the State Administration of Radio, Film and Television and subsequently entered Guangdong: the Phoenix TV, CETV by AOL-Time Warner, Star TV by the News Corp, ATV Home and ATV World by Asia TV, MTV by Viacom, the Chinese Jade Channel and English Pearl Channel by TVB and MASTV of Macao.

There used to be 6 channels under TVS but in 2006 its TVS-5 was moved under GDTV as GDTV News Channel, so currently there are five channels under TVS.

2. Challenges from overseas TV media

Guangzhou is just a stone's throw away from Hong Kong and Macao,

all speaking the same dialect of Cantonese and with shared cultural traditions. That certainly facilitates the market penetration by Hong Kong and Macao TV media operators. Besides, they enjoy a considerable edge in finance, technology, personnel, business operations and policy orientations over their counterparts in the Mainland, bringing substantial challenges and impact on the local media market in Guangdong. All privately owned, the nine overseas channels that currently operate in Guangdong have been exerting various efforts in program localization, hiring of local TV talents, migration of program production from the overseas to the Mainland and practice of inter-regional and multi-sector operations to adapt to the needs of local viewers and market requirements in order to maximize profit. ATV Home and the Chinese Jade Channel from Hong Kong, in particular, are among the earliest overseas operators in Guangdong to broadcast in Cantonese. With their highly localized programs, they have the greatest impact on their audience in Guangzhou, accounting for 62.9% and 16.9% respectively of the total market share by overseas channels. They make up the major competition against its home players in Guangdong.

In recent years there have been substantial increases in both audience ratings and market share among Phoenix TV, CETV and Star TV. The current affairs and news programs by Phoenix TV are considered quite influential among intellectuals and government officials. The CETV have been active in localizing its programs and personnel by recruiting local managerial talents and TV anchorpersons. Star TV's growth in audience ratings is mainly attributable to its broadcasting of Hong Kong movies. To those overseas TV operators, the Pearl Delta may well be a mere springboard for the entire market on the Mainland. With powerful presence and rich TV operating expertise, they have enjoyed increased program viewing and media impact. In Guangzhou, overseas channels occupied 34.9% in the city's overall market in 2006. Across the Guangdong Province, overseas channels occupied 23.1% of the overall market throughout the day and 26.98% in prime time. To date, the most competitive overseas channel is the Chinese Jade Channel, exerting the greatest impact on the home players in Guangdong.

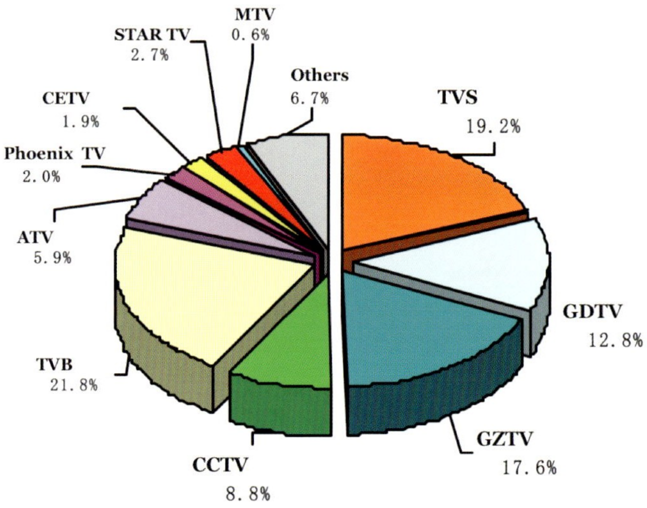

Fig 7-2 Market shares for all TV channels in Guangzhou, 2006

B. Assessment of the Overall Competitiveness of TVS

Faced with the rigorous competition, TVS has analyzed the TV broadcast market and its competitive environment and subsequently re-defined its new strategy targeting the people on the street, with feature channels at its core and focus on audience- and subject-specific localized programs aimed at market maximization. Thus with GDTV featuring comprehensive channel programs and focus on current affairs, finance and business information, targeting the high-end market in Guangdong Province, the rest of China and overseas, TVS and GDTV have become the two major complementary players as provincial TV operators.

1. Analysis of audience ratings and market share

In 2001 when TVS was formed, overseas operators occupied 64.1% of the market share in Guangzhou while home players merely 35.9%, with TVS ranking the fifth with 6.5% share in the year. That clearly indicated the situation of weak home players eclipsed by aggressive overseas operators. After five years of great effort, with its annual average growth rate of 3.2%, TVS raised its viewing market to 19.2% in Guangzhou in 2006 and fell only behind the TVB in market share, securing the second place in all TV operators and the first place in home players. With complementary nature in programming, TVS' sharp rise in audience ratings, understandably, has not impacted GDTV, whose market share has remained stable. In contrast, the audience ratings for the TVB and ATV, the fiercest competitors in Guangdong, have dropped considerably, with the TVB down from 42.4% in 1999 to 32.3% in 2004 and 21.8% in 2006, a 48.6% drop against 1999, while ATV dropped from 29.3% in 1999 to 5.9% in 2006. That indicates that the market share TVS enjoyed was mainly taken from its overseas competitors.

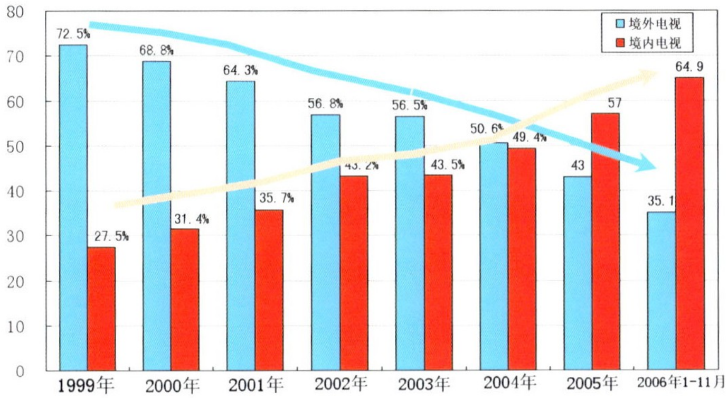

Fig 7-3 Overall audience ratings in Guangzhou: home TV operators vs. overseas operators (2001-2006)

2. Analysis of channel, program time and content

The rapid rise in its market share by TVS is first and foremost attributed to the precise positioning and market segmentation of its five channels. Clear channel positioning and unambiguously defined market segmentation has contributed to optimized configuration of resources and avoided unnecessary internal competition and attrition, resulting in a desirable situation where all the five TVS channels grow and prosper hand in hand. Compared with 2001 when TVS was formed, 2006 saw substantial growth in their market share by the five, ranging from 100% to 340%, in which the movie channel TVS-4 boasted the greatest net growth of 4.6 points while the entertainment channel TVS-3 boasted the largest growth range, from 0.8% in 2001 to 3.5% in 2006, an increase of 337.5%.

Despite its limited resources, TVS has used its differentiating approach to create a host of localized popular programs which cater to real life and for the general public and has thus formed its core competitive edge. In their creative, lively and fun presentation, the popular City Search and Metro Fun Group programs on its City Channel provide the local viewers with a rich variety of practical local information and services. In 2006, the average audience ratings for the City Search and the Metro Fun Group, both focused on local culture, reached 5% and 3.8% respectively. The Headlines Today and the After the Event on its Economy Channel are extremely popular with the local public for their focused news coverage on life of common people. Averaging 3.6% audience ratings in 2006, the Headlines Today, in particular, quickly rose to the most viewed program in Mandarin in Guangzhou just one week after its first broadcast, thus putting an end to the dominance of news reporting in Cantonese in Guangzhou and subsequently triggering a series of reform on news reporting in Guangdong. All those popular programs have, in turn, greatly enhanced its channel prestige.

In the meantime, whenever there come long holidays like Spring Festival, Labor Day, National Day and summer vacation, TVS with its 6 channels will make a concerted effort in program planning under a unified image, theme and slogan. To accommodate the viewer needs in holiday seasons, TVS breaks free from its normal programming layout and instead focuses on movies, TV dramas and celebration series. As a result, it significantly enhances audience ratings during holidays and forms a unique holiday brand image for TVS. During the 2006 Labor Day holiday, share in audience ratings for TVS reached 24%; In the National Day golden week holiday in 2006, its television audience share reached 22.7%, and in 2007 Spring Festival golden week, it reached 24.1%. According to statistics from both the AGB-Nielsen and CVSC-Sofres Media Research (CSM), TVS ranked the first among all operators (overseas ones included) in market share across all three golden week holiday seasons.

3. Operation and revenue generation

With five years of reform-oriented efforts, TVS have enjoyed sustained rapid growth in revenue as well as in professional strength. Its operating revenues increased from 40 million Yuan in its start-up year of 2001 zooming to 400 million in 2005 and topping 500 million in 2006, at an annual average growth rate of 100 million Yuan.

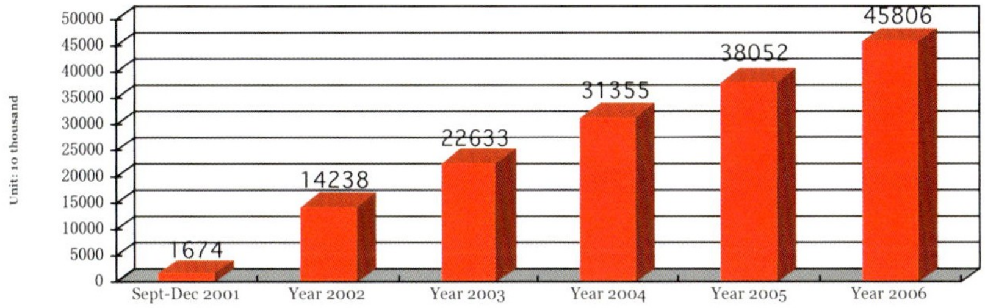

Fig 7-4: TVS advertising revenues (2001-2006)

II. TVS Strategies in Enhancing its Overall Competitiveness

As can be seen, Southern Television Guangdong stands out as a better performer amidst its fierce competition on the TV broadcast market in Guangdong. With its distinctive environment and resources in mind, TVS has effectively grabbed the major development opportunity brought by market changes, consistently renovated its operating mechanism, formulated and carried out appropriate strategies in its development, operations and management.

A. Development Strategy

1. Organizational and Process Reengineering

Since its creation, Southern Television Guangdong has been committed to serving its target market and audience by means of organizational optimization and business process reengineering and has thus maintained its powerful momentum of growth. Organizationally, TVS has transformed itself from product (i.e. TV program) orientation to customer (i.e. market and viewers) orientation. On the process side, TVS has established the TV channel responsibility system to enhance operational quality, efficiency and customer satisfaction as a result. The organizational optimization and process reengineering has helped TVS acquire systems advantages for better operations and scored remarkable achievements on this unconventional media market in Guangdong, becoming a new player to be reckoned with among those major broadcast operators both on the Mainland and overseas.

2. Differentiation strategy

Those first-tier home or overseas TV channels with the highest audience ratings are mostly comprehensive in program content, like the TVB Jade Chinese Channel, ATV Home and Pearl Channel of GDTV. Conventional wisdom holds that movies or TV dramas tend to be most popular with most viewers, yet there wasn't the single most powerful channel devoted to movies and TV drams despite some good performance in that regard before the satellite channel came on the scene. Taking advantage of the untapped market, Southern Television Guangdong has pooled its resources to focus on its movie and TV drama channel and position its core competitive advantages. This differentiation strategy quickly paid off. In 2005, its movie and drama channel ranked second only to the Jade Chinese Channel of Hong Kong-based TVB among all home and overseas operating channels in Guangzhou. The TVB channel has thus successfully joined the first-tier channels in audience ratings and become TVB's cash cow in generating advertising revenue.

While all other TV media operators are pouring big money into the pitched battle over prime time programs, TVS has not only deployed its forces to embrace the competition frontally but also taken into great account the programs for the rest of the day and in between the weekends. Its daytime programs are properly designed in accordance with characteristics of the channel and target audience with the aim of boosting the average daytime viewing. In between the weekends, its City Channel has presented the paralleled prime-time programs of the City Search and the Metro Fun Group, focusing on either entertainment or daily life. That has avoided unnecessary internal competition over TV dramas and well received by its audience. For TV dramas, since its serial Story of Wife and Her Local Husband has already gained an edge on weekend viewing market, TVS broadcasts its home-made Cantonese short plays including the Old Cat Burns its Beard and the Perfect Son-in-law to fill in the time slots for weekdays so as to ensure its high overall viewing market share in Guangdong.

3. Branding Strategy

Well aware of the impact and significance of brand on the community, audience and advertising business, Southern Television Guangdong has been going all out to build its "Southern" brand in every single business operation of image promotion, program production, advertising and other promotional efforts. The purpose is to firmly establish its distinctive brand in a relatively short time, through its brand to advance publicity and operation of TVS and all its channels, and to cultivate its core competitiveness.

Firstly, use the distinct visual identity logo for the unified TVS image. All the six TVS channels maintain the unified image and promote themselves all in tandem, quickly generating coherent effect and impact on the community. The "Southern" brand has been uniformly communicated throughout all available media including TV, press, street and public building signs.

Secondly, program designing centers on the brand. Considering the fact that TVS can't compete with overseas media over personnel, equipment or finances, TVS is committed to pooling resources in order to focus on localized TV programs to accommodate the audience and market in the region. With that in mind, each of its channels is designed to present one or two premium feature programs which are in line with the intents of the channel and are expected to increase its audience ratings. For instance, the Headlines Today under TVS Economy Channel focuses on news of livelihood and concerns of vital interests to local people on the street. Audience ratings for the program have consistently been rising. It does not only enhance the popularity of the Economy Channel as a whole but also subsequently brought about a series of interactive programs on everyday life including the After the Event, Jiang Tao Has to Say and the True Story, thus generating branding effect for the Channel.

Thirdly, use various sponsored activities to reinforce the brand. Promotions like the Southern New Silk Road Model Contest, Star over South and TVS Golden Award further make the brand known by dynamic and multi-layer publicity.

The brand building and publicity strategy keeps TVS brand consistent and ensures that the core values of the brand not be diluted. This branding strategy has enhanced TVS prestige in the general public and established its media image of fashion and vitality, laying the solid foundations for television viewing and advertising revenue.

B. Operational Strategy

To avoid scattered operations and vicious competition, Southern Television Guangdong uses about ten third-party advertising agents. The small advertising management department focuses its attention on customer service. This approach makes it possible that the independent advertising agents are free from interference by TVS while TVS does not need to focus on getting new customers, with its advertising department able to be fully committed to ads market research, advertising product development, advertising supervision, service and management of advertising agents. It allows TVS to reach out to more stakeholders in its operation, strengthened communication and cooperation between media operators and corporate businesses. By fully tapping the operational advantages (e.g. customer resources) enjoyed by advertising companies, both parties benefit. As a result, the business for TVS expands in a short period of time and it grows at an annual increase of 100 million Yuan.

C. Management Strategy

The essence of operations management is the ability to turn various TVS internal resources and external market resources into capital. When TVS came into being, senior management was all hired through fair competition and all the staff were hired on the non-permanent contract basis. Cost keeping, performance-based management and market-oriented operations were in place to sustain its maxim vitality. Compared with other TV stations on the Mainland, TVS constitutes a sharp contrast and forms a potential force for rapid development.

Audience ratings are considered the key criteria for TVS which takes performance as its core principle. Through the purchase, application and evaluation of audience ratings, TVS has come up with a sound performance assessment system, which serves as a competitive mechanism in accordance with the running of the market. Therefore, in their yearly management by objectives commitment from each channel director, audience viewing is expected to cover 40%, the first ranking indicator. Meanwhile, TVS promises to all its channels that an annual increase of 1% in audience ratings is rewarded with 1 million Yuan. Audience ratings as a yardstick has galvanized each channel to be more aggressive and creative in all operational aspects including program production, external program procurement and program scheduling. To TVS employees, audience ratings become the prime mover to ensure the mechanism of more pay for more work.

III. Competitive Enhancement—What Other Provincial TV Stations can Learn from TVS: A Reflection

The TV broadcast market in Guangdong is a regional competitive market in the context of globalization. How to respond to their market penetration by those multi-national media conglomerates at a great capital advantage? How to borrow overseas expertise to strengthen China's domestic broadcasting media? The contributions Southern Television Guangdong has made are not merely some viewing market share gained

but more of a leadership role secured in broadcast communication. So the successful enhancement of TVS overall competitiveness has some valuable experience to offer its fellow domestic players.

1. Localization

In the process of the competition between domestic and overseas TV media operators, localization becomes the only rule for the survival of the fittest. Prior to 2003, Southern Television Guangdong relied on external program purchase to boost its development audience ratings. Since then, self-produced programs have played an increasing role in audience ratings and they contribute more to television viewing than do those movies and TV dramas. In fact, news about common people's daily life has become the strongest and favorite program category. The successful launch of its self-made popular programs like the City Search, the Metro Fun Group, the Headlines Today and After the Event by TVS fully shows its localization feature and advantage, enabling it to beat its competition.

2. Differentiated Competition

Competition among TV stations in China today tends to be deplorably unidirectional. Only by seeking differentiated market positioning, can they gain a permanent foothold in the competition. In Guangdong, where broadcast market competition grows ever fierce, differentiating strategy is the effective tool for Southern Television Guangdong to stay competitive. It is by its differentiated channels and programs that TVS has earned its stable market share, reaping both social and economic benefit.

3. Expanded Coverage across the Province by Partnership

Because of historical and policy-related reasons, local cable TV operators across Guangdong functioned alone, independently of one another. Relay broadcast of the programs from CCTV or provincial station used to be a common frustrating phenomenon. As a newcomer in Guangdong, Southern Television Guangdong was faced with the issue of province-wide program coverage, a major stumbling block to its expansion.

With the support of the Guangdong Provincial Administration of Radio, Film and Television as well as the Southern Media Corporation, TVS has established partnerships with other provincial and municipal stations for cooperative development and operations. Through various means, it provides substantial assistance in program and advertising resources to its local partners and, in return, seeks their facilitation of its local presence across the province. This is expected to realize interest maximization for both parties. As a result of the endeavor, TVS now enjoys 80 to 90% coverage across all cities in Guangdong, laying the foundations for expanding its viewing market share and better competing against its overseas counterparts.

What TVS has experienced makes it clear that, faced with keen competition, TV broadcast operators, through strategic management to strengthen media operation and buildup of their own advantage by proper strategies, can still outperform others, even with limited resources.